月刊『測量』別冊

いまさら聞けない
地形判読

公益社団法人 日本測量協会

はじめに

近年，書籍やテレビ番組などで地形を扱うものが多く見られ，専門家でなくとも地形に興味をもつ方々が増えてきました。当然，趣味としてだけではなく，私たちの生活の基盤となる国土において，地形は，重要な意味をもちます。特に，自然災害の多いわが国においては，地形を知ることが欠かせません。本書が刊行される時期は，「平成」の元号が変わる節目になります。「平成」時代を振り返れば，まさに災害の時代といえます。そのような中，災害が生じるたびに，地形を知ることの重要性が再認識されてきました。そして，測量技術者として，様々な情報から地形判読を行うことは，ますます重要になると考えられます。そのためには，地形判読のための知識・技術が求められます。

過去にも，「基礎講座：現場技術者のための地形図読図入門」が，月刊『測量』に全48回（1977〜1984年）の長きにわたり連載されました。この基礎講座開始から，はや40年が経っています。しかし，その内容は未だ色褪せることなく，今でも多くの技術者に有用なものとなっています。この連載は，『建設技術者のための地形図読図入門』の成書となり，バイブル的なものとして読み継がれてきました。一方で，近年の計測技術の発展に伴い，新たな地形図の表現や判読法が生まれてきたことにも留意する必要があります。そこで，「いまさら聞けない地形判読」と題して，月刊『測量』に全24回（2017年1月〜2018年12月）の連載が企画されました。

「いまさら聞けない地形判読」の連載では，地形判読において特に重要となる事項，および近年の新技術との関係から新たに生み出された事項に関して解説されています。本書は，その連載をもとに書籍化したものになります。そして，本書の特徴として，「応用地形判読士」の資格者の中から若手メンバーを中心に執筆陣を構成していること，また，読者層として中堅から若手の技術者をターゲットとしていることが挙げられます。これから地形判読を始めてみようと思っている読者には，格好の書籍であるといえます。連載から本書の編集にあたっては，編集幹事である西村智博氏に，多大なるご尽力をいただきました。本書を通して，地形を読む目を養うことの助けになれば幸いです。

東京大学大学院工学系研究科社会基盤学専攻　教授

月刊『測量』編集委員会委員長　布施 孝志

目次

本企画誕生の経緯と構成 ……………………………………… 1
西村　智博

地形判読の重要性 ……………………………………………… 2
鈴木　隆介

地形を読み解くためのツール ………………………………… 4
小野山　裕治／高田　圭太

低地の地形を読み解く
西村　智博／小林　浩／神谷　振一郎

（1）……………………… 8
（2）……………………… 12
（3）……………………… 16

土石流がつくる地形を読み解く
小野山　裕治／加藤　弘徳／関場　清隆

（1）……………………… 20
（2）……………………… 24
（3）……………………… 28

地すべりがつくる地形を読み解く
関場　清隆／小野山　裕治／加藤　弘徳

（1）……………………… 32
（2）……………………… 36
（3）……………………… 40

海岸の地形を読み解く
神谷　振一郎／西村　智博／小林　浩

（1）……………………… 44
（2）……………………… 48
（3）……………………… 52

斜面崩壊がつくる地形を読み解く
関場　清隆／小野山　裕治／加藤　弘徳／奋野　匡

（1）……………………… 56
（2）……………………… 60
（3）……………………… 64

火山地形を読み解く
西村　智博／奋野　匡／藤田　浩司

（1）……………………… 68
（2）……………………… 72
（3）……………………… 76

断層地形を読み解く
高田　圭太／小俣　雅志

（1）……………………… 80
（2）……………………… 84
（3）……………………… 88

何度でも地形判読 …………………………………………… 92
西村　智博

本企画誕生の経緯と構成（連載開始時のスタンス）

国際航業株式会社 防災部　西村 智博（編集幹事）

だれが書くか……？

月刊『測量』にて「地形図読図に関する記事を載せたい」という話が持ち上がり，巡り巡って私のところに原稿作成のお鉢が回ってきた。

最初は読みきりの企画だと思って気安く引き受けたものの，よくよく聞くと鈴木隆介先生のかつての連載を現代に蘇らせたいという壮大な企画……という。これは私のような未熟な技術者一人では荷が重過ぎるが，地形判読に関してサラッと解説を書くような人もすぐには思いあたらない。

地形判読といえば最近「応用地形判読士」制度が創設され，2016年4月1日現在，67名（氏名公開分）の有資格者が誕生している。今回はそのうち若手に属すると思われるメンバーに声をかけ，建設コンサルタント・航空測量業界などから10名に賛同いただいた。

かくして，本連載を担当するのは，全国に散らばる以下の若き（？）応用地形判読士である。

「いまさら聞けない地形判読」編集小委員会メンバー

（五十音順）

氏　名	所　属	勤務地
小野山裕治	国際航業株式会社	福　岡
小俣　雅志	株式会社パスコ	東　京
加藤　弘徳	株式会社荒谷建設コンサルタント	広　島
神谷振一郎	株式会社応用地理研究所	東　京
小林　浩	朝日航洋株式会社	埼　玉
関場　清隆	明治コンサルタント株式会社	新　潟
高田　圭太	復建調査設計株式会社	東　京
西村　智博	国際航業株式会社	東　京
畚野　匡	日本工営株式会社	大　阪
藤田　浩司	アジア航測株式会社	神奈川

だれに向けて書くか……？

2016年7月の暑いさなか，編集小委員会メンバーが一堂に会して編集会議を行った。その中で様々な議論が交わされたが，書き手の技術レベルを考えても達人向けの解説書は難しく，中堅から若手，「これから地形判読を始めようかな……」といった初心者をターゲットにした解説を行うこととした。

中には「この年になって人に聞くのは……」という読者もいることを想定して，表題のようなくだけたタイトルとした。

なにを書くか……？

この連載の編集方針・タイトル案は以下のとおりである。

・各回4頁，地形種ごとに12頁・3回で完結とする。
・章立ては地形種を問わず極力統一する。
・公表されている資料・データを利用して解説する。
・なるべく典型的な地形を取り扱う。
・現地調査が容易なフィールドを取り上げる。
・地形図や空中写真・DEMを比較しやすく配置する。

連載回別タイトルおよび執筆者

連載回	タイトル	執筆者
1	イントロ, 地形判読の重要性, 趣旨説明	布施孝志, 鈴木隆介, 西村
2	地形を読み解くためのツール	高田, 小野山
3-5	低地の地形を読み解く	西村, 小林, 神谷
6-8	土石流がつくる地形を読み解く	加藤, 小野山 関場
9-11	地すべりがつくる地形を読み解く	関場, 加藤 小野山
12-14	海岸の地形を読み解く	小林, 西村, 神谷
15-17	斜面崩壊がつくる地形を読み解く	小野山, 関場, 加藤, 畚野
18-20	火山地形を読み解く	藤田, 西村, 畚野
21-23	断層地形を読み解く	小俣, 高田
24	何度でも地形判読	西村

そして連載開始……

この本に掲載されている内容は，2017年1月から2018年12月までの24回にわたって月刊『測量』に連載された記事をベースとして，2019年3月に若干の編集を行ったものである。

まだまだ発展途上の技術者が書く原稿につき，ベテラン判読士の方には少し広い心でお読みいただき，時には厳しい指摘をお願いしたい。執筆陣としては，少しでもみなさまのお役に立てるような記述を心がけたつもりである。

地形判読の重要性

中央大学 名誉教授 鈴木 隆介

1. はじめに

日本で年中行事のように発生する自然災害のほとんどは，豪雨や地震などの自然現象に起因するが，大規模な災害ほど顕著な地形変化を伴う。しかも，個々の場所（地点・地区）における災害の様相はその場所の地形に強く影響されてきた。つまり，自然現象は自然災害の誘因であり，自然災害の素因は地形である。

誘因に関しては，地震を除き，顕著な気象現象（豪雨，暴風，暴浪，豪雪）と火山活動の地理的・時間的推移は現在の観測・予報技術によって定量的に予報されるようになった。一方，災害の様相（種類・範囲・規模）が地理的に異なるのは，主として素因としての地形および防災施設の整備状況の地理的差異に起因する。したがって，各種の土地利用計画や土木構造物の設計においては，素因としての地形条件の正しい理解つまり地形判読が不可欠である。

そこで，筆者は「2万5千分の1地形図から，建設技術的に有益な土地条件を読み取る」という，地形図の読図法を解説するために，『建設技術者のための地形図読図入門』を書いた[1]。幸いにも，同書はかなり広く読まれ，その成果の一つとして，全地連の「応用地形判読士検定制度」が創設され，地形判読の精度の品質管理に役立てる事業として国家の登録資格に認定されるようになった。

本稿では，地形判読の根本的な鍵を再確認して，地形判読の精度の向上に資していただきたいことを述べる。

2. 地形種の多様性

そもそも地形判読とはどういうことか。それは，任意地点の地形を，単なる標高や地表の傾斜・起伏状態で認識することではなく，「地形種」として判別することである。その判別には，少なくとも日本に発達する全ての地形種の特性（その起伏形態と形成過程）を理解しておく必要がある。しかし，一つの地形種でも，その性状が全く同じという事例は，極論すれば，地球上に二つとない。

なぜならば，同種の地形種（例．沖積錐）でも，個々の地区の地形種の特性（例．地形量としての沖積錐の半径・傾斜や構成物質）は，筆者の提唱する地形学公式の観点から見ると，それらの地形量を制約する変数が全く同じという場所は皆無と言っても過言ではないからである。そこで，地形学公式の概念を再確認しておこう。

地形学公式とは，地形種の何らかの地形量とそれを制約する変数の関係を表した式（経験式，実験式，理論式）の総称である[1]。すなわち，

$$Q = f\ (S,\ A,\ R,\ t).$$

ここに，

Q ＝地形種の，問題とする地形量：
　　（例．沖積錐の半径），

S ＝地形場の地形量（$S_1 \sim S_n$）：
　　（例．沖積錐をもつ流域の特性や沖積錐末端の地形），

A ＝地形営力（$A_1 \sim A_n$）：
　　（例．土石流を誘発する気象現象や地震），

R ＝地形物質（$R_1 \sim R_n$）：
　　（例．沖積錐を構成する堆積物および流域の地質）

t ＝地形営力の継続時間（$t_1 \sim t_n$）：
　　（例．土石流を起こす気象現象の継続時間：ただし，古い沖積錐を問題とする場合は，沖積錐の発達当初からの地質学的時間，T，に置き換える）

ここで，カッコ内の添字（$_{1 \sim n}$）は一地点でもその変数が複数の種類と規模のあることを示す。

一つの地形種でも，その諸特性が場所ごとに異なるのは，それを制約する地形学公式の変数が極めて多種多様であるためである。これが地形の多様性の根源的原因である。したがって，地形判読では，地形学公式の概念を念頭において，地形図読図，空中写真判読や現地踏査な

どを行う必要がある。

　しかるに，近年の地形災害に関するマスメディアなどにおける「専門家の解説」を見聞すると，地形種および地形学公式の概念を全く考慮していない例が少なくない。たとえば，2014年の広島土石流災害については，「地形」まして「沖積錐」という用語は使用されず，'この災害の3要因は集中豪雨，夜間に発生，風化花崗岩である'などと解説された。しかし，この災害は'現成の'沖積錐（素因）の成長過程における必然的な地形変化に起因するものであって，しかも第二次世界大戦以前には誰も住んでいなかった沖積錐の上流部（いわば沖積扇状地の扇頂部から扇央部）に，'地形を無視して'[2] 宅地造成したという人為的'誘因'が加わったからである。また，2016年の台風10号を誘因とする岩手県岩泉町の介護老人福祉施設の被災は，'現成の'谷底低地なのに，河川堤防のない小本川河床からの比高約3m程度の，地形学的にいうなら高水敷に建設されたからである。そもそも集中豪雨とかゲリラ豪雨などはマスメディアの造語であり，その程度の豪雨は日本のどこでも数百年以内に何度も発生している（例．秩父盆地尻の長瀞では荒川河床から約23mも水位が上昇した）。ところが，日本の各地で，老人ホームが地形災害の発生しやすい'現成の'高水敷，旧河川敷（例．蛇行流路跡地），沖積錐，崖錐，採石場跡地など，農業や居住地に不適な土地（≒安価な土地）を選んだかのように建設されている。

　ゆえに，自然災害の責任を誘因の自然現象のみに押し付けるのではなく，素因としての地形を無視した土地利用・土地造成の責任を猛省すべきである。よって，自然災害の防災事業さらに建設事業においては，誘因のみに気を取られずに，その素因としての地形の理解は不可欠である。これが地形判読の重要性の根幹である。

3. 地形判読力向上の鍵

　地形判読では，上述のように，地形学公式の概念を念頭において，任意地点の地形種を判読することが大切である。しかし，地形学公式の全ての変数について高精度の把握が困難な場合も多い。その場合には以下の諸点に留意するのが良いであろう。

①地形場の把握は最も重要である。そのためには，本講座で例示される全ての地区（地形図などの範囲）の周囲の，数倍の広域（例．2.5万地形図の3〜4枚程度の範囲）について「国土地理院の2万5千分の1地図情報閲覧サービス」をネット上で広く読図するのが良い。そうすれば，地形種の認定のみならず，その地点の地形場（例．山麓線，遷急線，河川，海岸線などからの距離・比高）が容易に把握される。

②任意地点に加わる主な地形営力に関しては，地形種（例．河川地形，海岸地形，集動地形など）から推論する。しかし営力の規模については，予知不能の現象（例．地震，竜巻）もあるので，既存の観測値に頼るしかない。

③地形物質については，低地では堆積物の粒径を河川の流路形態と河成低地地形から定性的には予測できる。丘陵・山地・火山については旧地質調査所の5万分の1地質図の未完の地域については文献調査・現地踏査が必要となる。斜面の地質と風化状態，とくに成層構造に関しては，斜面傾斜とその方向における成層構造の相対的な走向・傾斜の組み合わせ（柾目盤，平行盤，逆目盤，受け盤）が重要である。

④時間に関しては地形発達史的な資料解析が必要となるが，地形面の絶対時間に関する資料は少ないので，地形過程の速度論は難しい。

4. むすび

　そもそも地形は地形物質の移動の結果としての起伏形態であるから，任意地点の地形がどのような様式の地形物質の移動の結果として存在するか，という視点で地形判読をすれば大過はないであろう。本講座の執筆者はすべて応用地形判読士の称号をもち，実務経験の豊かな技術者であるから，理学としての地形学を基礎とした筆者の『地形図読図入門』とは異なって，現場技術者に有益な地形判読例が具体的に解説されるであろう，と楽しみにしている。

　なお，日本地形学連合編（責任編者代表，鈴木隆介）「地形の辞典」（朝倉書店，B5，1018頁，約8600項目）が2017年2月に出版されたので，ご利用くだされば幸いである。

参考資料

１）鈴木隆介（1997〜2004）:『建設技術者のための地形図読図入門』，全4巻，古今書院.

２）鈴木隆介（2012）地形に根ざした社会基盤整備，地形を無視した社会基盤整備，土木学会誌，vol.97, no.1, pp.8-12.

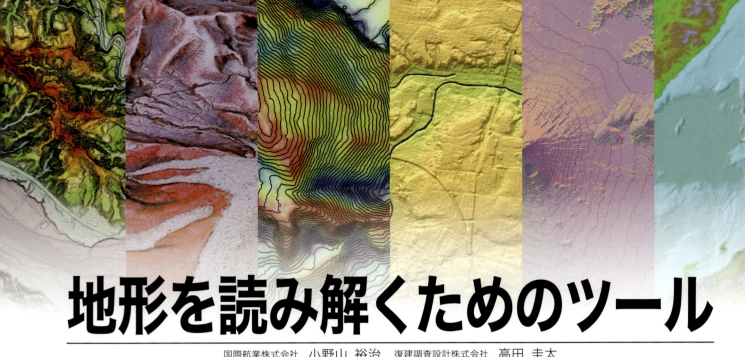

地形を読み解くためのツール

国際航業株式会社　小野山　裕治　　復建調査設計株式会社　高田　圭太

1. 何のために地形判読をするのか

　皆さんが技術者として地形判読に取り組むとき，そこには様々な目的があると思う。したがって，同じ地形であっても目的によってその意味することや重要性は異なる。

　つまり，地形判読において目的を明確にすることは，どのような地形に着目すべきかという作業目標を立てることに他ならない。

　具体的な目的に対する着目点や地形判読のポイントは，次回以降の連載で詳しく語られるので，今回は広い目で見て地形判読に必要な視点とそれに活用できるツールを紹介したいと思う。

2. 手始めは地形図の読図から

　地形判読をするとき，まず何より用意したいのが地形図だ。こんなことを書くと，そんなことは分かっているという声が聞こえてきそうだが，そもそも私たちが地形判読をする時，地形図のどこ(何)に着目しているのだろうか？

　人により，また目的により異なるとは思うが，「等高線」と「土地利用」の把握は欠かすことができないものである。

　等高線は土地の高さだけでなく起伏や傾斜を表現している。つまり，私たちはそこから地形そのものの形を読み取ることができるのだが，ここで注意が必要なのは，等高線では表現されない地形が存在するということである。高低差が地図の等高線間隔よりも小さい低地の微地形などがその一例であり，このようなものは後述する空中写真を用いて高低差を「判読」する必要がある。

　このように等高線では表現できないものを補うのが土地利用である。人は住みやすい場所に住み，農耕は作物が育てやすい場所で行われる。例えば低地では，水害を受けにくい少し高い土地に人が住み集落が形成され，低平な土地が水田に，少し水はけが良いところは畑地に利用されており，これらの土地利用は自然堤防や後背低地といった微地形と対応することが多い。つまり，土地利用に沿って地形図を塗り分ければ，ある程度の地形判読素図を得ることができるというわけだ。

　それでは，どのような地形図を使えばよいのだろうか。国土地理院発行の2万5千分の1地形図(以下，「2.5万地形図」)は，国内を同一の図式と精度でカバーしており，最近ではインターネットでその画像を購入することもできる。しかし，人工改変が著しい場合には，開発前の古い地形図(旧版地形図)が有効な場合もある。このような場合，国土地理院のサイトで刊行済みの旧版地形図の年代別図歴検索が利用できる。また，埼玉大学の谷謙二准教授が公開している『今昔マップ』[2]は，新旧の地形図を同時に表示して対比することができ，地形や土地利用の変化を把握する上で有効なツールである。

　2.5万地形図の準備ができたら，次はそこから地形を読み解く「地形図の読図」を行ってみよう。地形図の読図に関しては，『建設技術者のための地形図読図入門』全4巻[1]が頼れる羅針盤となる。この書籍は，読図に用いる地形用語やその定義，地形ごとの読図の着眼点や留意点

いまさら聞けない 地形判読 ②

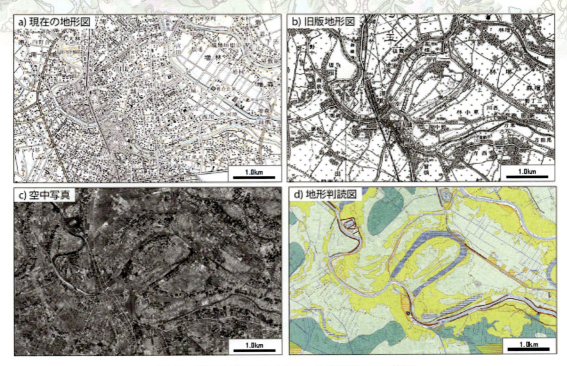

図-1　新旧地形図と空中写真，地形判読図の比較例
出典：a）平成17年発行5万分の1「野田」[2]，b）昭和3年修正5万分の1「野田」[2]，c）1961年国土地理院撮影（MTK613-C36）[3]，d）治水地形分類図「越谷」[6]

を，豊富な事例と図版から系統的かつ網羅的に解説したもので，初心者から上級者までスキルに応じて使われる読図の教科書である。

3. 空中写真から分かること

地形判読において，航空機から地上を連続撮影した「空中写真（航空写真）」は，撮影時の状況がそのまま記録された"リアル"な地形情報源であり，必要な情報を抽出して作られた"モデル"である2.5万地形図と表裏一体の地形判読ツールである。空中写真判読というと，職人技的でちょっと敷居が高いイメージを持つ方が多いかもしれないが，これを機にぜひ一度手にとってほしい。

空中写真は，高度数千メートルの航空機やヘリコプターから，数百メートル間隔で地表の連続写真を撮影したものである。隣り合う写真は約60％が重なり合うように撮影されているため，2枚の空中写真を使って重複部分の「立体視（実体視）」ができる。空中写真を実体視したときに見える地形は，実際よりも高く（低く）強調されるため，現地では気づかないような微妙な高度差や緩やかな地形変化を抽出することができる。また，空中写真には，色調の違いから推定される地質や土質，土地の乾湿や植生の違いなど，地形図では表現されていない地

形判読の手がかりが含まれている。

国内では，国土地理院や林野庁，海上保安庁，都道府県等の機関により，国土情報の記録や地形図の作成，都市計画や防災計画を目的とした空中写真が撮影されている。現在，国土地理院や米軍等が撮影した空中写真については，国土地理院の「地図・空中写真閲覧サービス」[3] から自由に閲覧して地形判読に使うことができる。

空中写真を使用する際に注意しなければいけないのは，雲や植生等により判読できない部分があることと，縮尺（解像度）や撮影の具合によって，同じ場所でも地形の見え方が異なる場合があることである。したがって，私たちが空中写真を使う場合，撮影年次や縮尺が異なるものを何種類か用意することが多い。

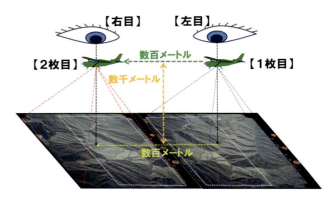

図-2　航空撮影した「空中写真」による地形立体視のイメージ

次回以降の連載では，代表的な地形が紹介されるだろうから，ぜひその場所の空中写真を入手してどんなふうに見えるのか確かめてほしい。

かつてある先生が「空中写真で見えない地形は現地で見ても分からない」と言っていた。この言葉は，空中写真判読が，地形を読み解く上でいかに重要な作業であるかを表している。

4．その他の地形を読み解くツール

それでは，地形図の読図や空中写真の実体視ができなければ地形判読はできないのか？というと，そんなことはない。今では表–1のように様々な地形判読図が刊行されているほか，国土地理院では「地理院地図」[4]をウェブサイト上で運用しており，ベースマップ上に様々な地理空間情報を表示できるほか，距離や面積も計測することができる（図–3）。これらのツールを使って多くの人が地形を同じように見ることができるということは，ちょっと前には考えられなかった画期的なことである。このことは，抽出された地形が示す問題点や課題を共有できるということを意味している。

それなら改めて地形判読をする必要はないように思うかもしれない。しかし，刊行されている地形判読図はある主題に対して統一した図式で作成しているため，地域の特徴を細かく表現できているとは限らない。また，目的に対して適当な縮尺ではないこともあるだろう。

刊行されている地形判読図を使う場合には，少なくともそこに示されている地形がどのようなものか，自身の目的に対してどのような意味を持つのか確認する必要が

図-3　国土地理院が運用する主題図「土地分類図」（熊本県南阿蘇村立野付近）の例
出典：地理院地図[4]

ある。オリジナルの地形分類図を作ることだけでなく，これらの確認も技術者として行う地形判読作業のひとつといえるだろう。

5．数値地形図による地形表現の例

地形を読み解くための便利なツールとして，数値地形図を用いた地形表現手法が簡単に利用できるようになってきている。数値地形図としては，地表の標高を一定の格子間隔で整備した数値標高モデル（DEM）から，標高別に色調を変えた「色別標高図」や，傾斜量データを加味して地形の起伏量や斜面傾斜を直感的に把握しやすい地形表現手法が普及してきている。

現在，国土地理院ウェブサイトで提供されている「基盤地図情報ダウンロードサービス（図–4）」[5]から，10mメッシュおよび5mメッシュの数値標高データをダウンロードし，無料の「基盤地図情報ビューア」を用いて任意の範囲の色別標高図等の数値地形図を作成することができるようになっている。次ページに，平成28年4月の熊本地震で被害を受けた阿蘇大橋付近の色別標高図を

表–1　刊行されている主な地形判読図

図　名	縮尺	刊行	整備状況
土地条件図	1/25,000	国土地理院	152面
沿岸海域土地条件図	1/25,000		74面
火山土地条件図	1/10,000～1/50,000		16面
治水地形分類図	1/25,000		104水系 854面
都市圏活断層図	1/25,000		176面
土地分類基本調査［地形分類図］	1/50,000, 1/500,000	国土交通省国土政策局	都道府県単位で整備
地すべり地形分布図	1/50,000	防災科学技術研究所	全60集
水害地形分類図	各種	科学技術庁資源局，建設省ほか	39地域※

※防災科学技術研究所の水害地形分類図デジタルアーカイブに収録されているもの
出典：刊行元出版物ホームページ

図-4　国土地理院による数値地形図提供サービスの例
出典：国土地理院「基盤地図情報ダウンロードサービス」[5]

いまさら聞けない 地形判読 ②

10mメッシュ（図-5），5mメッシュ（図-6）で作成した事例を示す。5mメッシュの方が地形をより詳細に表現していることが分かる。

また，近年の航空レーザ計測（LP）データの整備に伴い，詳細なLP地形図から災害地形を直接判読する手法が普及しつつあり，図-7のような標高段彩図と傾斜量図を組み合わせるといった様々な地形表現を用いて，より詳細な判読を行うことが可能となってきている。

6. もうひとつの重要な視点

地形判読をやっていると，同じような地形なのに分布や高さが違うものがあることに気付くだろう。また，ある地形が別の地形によって断ち切られたり，覆われていたりしていることがある。地形は固定されたものではなく，侵食や堆積，地殻変動の影響を受けて時間とともに変化する。ある地域における過去の地形の変遷過程は，地形発達史と呼ばれる。地形発達史を知ることで地形が形成された原因（営力）が分かれば，地下の地質の状況を推定することができるし，その地域に将来起こり得る現象（例えば洪水や土石流などの災害）を推定する重要な手がかりとなる。したがって，地形発達史を意識することは，技術者として地形判読を行う際の重要な視点のひとつといえる。

ただし，地形発達史を編むにはある程度の知識と経験が必要であるから，まずは国土地理院の治水地形分類図[6]や地形区分に関する既往文献等の知見を参考に，自身の地形判読結果を照らし合わせてみることが大切である。

図-5 基盤地図情報ビューアによる10mメッシュDEM（熊本県南阿蘇村立野阿蘇大橋付近：メッシュ493027,493120）
出典：国土地理院「基盤地図情報ダウンロードサービス」[5]

図-6 基盤地図情報ビューアによる5mメッシュDEM（熊本県南阿蘇村立野阿蘇大橋付近：メッシュ493027,493120）
出典：国土地理院「基盤地図情報ダウンロードサービス」[5]

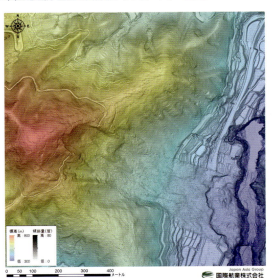

図-7 1mメッシュLP図を用いた標高・傾斜量表現の例（エルザマップ），図-5，6とほぼ同じ範囲を解析）
出典：国際航業（株）災害活動情報HP[7]

参考資料

1) 鈴木隆介（1997〜2004）：「建設技術者のための地形図読図入門」，全4巻，古今書院。
2) 埼玉大学谷謙二准教授 時系列地形図閲覧サイト「今昔マップ on the web」，http://ktgis.net/kjmapw/index.html
3) 国土地理院「地図，空中写真閲覧サービス」
   WebサイトURL，https://maps.gsi.go.jp/
4) 国土地理院「地理院地図」
   WebサイトURL，https://maps.gsi.go.jp
5) 国土地理院「基盤地図情報ダウンロードサービス」サイト，
   WebサイトURL，http://fgd.gsi.go.jp/download/menu.php
6) 国土地理院「治水地形分類図」初期整備版／更新版
   WebサイトURL，http://www.gsi.go.jp/bousaichiri/fc_index.html
7) 国際航業（株）災害活動情報HP「熊本地震」
   WebサイトURL，http://www.kkc.co.jp/service/bousai/csr/disaster/201604_kumamoto/index.html

■4Pのタイトル背景デザインについて／月刊『測量』の連載記事「地形表現とその周辺」で掲載されたELSAMAP（2014年5月号），赤色立体地図（2014年4月号），ウェーブレット変換画像（2014年6月号），多重光源を用いた陰影段彩図（2014年12月号），光輝陰影法（2014年8月号），日本列島陰影彩余色立体図（2014年11月号），5mDEMを用いた傾斜・凸部密度・尾根谷密度による斜面形の分類図（2016年9月号）の一部を使用させていただいております。

低地の地形を読み解く（1）

国際航業株式会社 **西村 智博**　朝日航洋株式会社 **小林 浩**　株式会社 応用地理研究所 **神谷 振一郎**

1. 低地の地形と典型的な災害

1.1. 低地の地形

　低地の地形とは，つまりは河川などの水によって運ばれてきた砂礫や泥が堆積して形成された地形を指し，谷底堆積低地および支谷閉塞低地，扇状地，蛇行原，三角州，水底三角州の5種類に大別できる[1]（図-1）。ここではこのうち主に蛇行原にあたる範囲の地形について取り扱う。

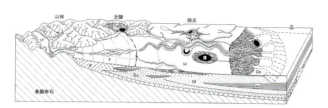

Vf：谷底堆積低地，Vm：谷口，F：扇状地，M：蛇行原，
D：三角州（Ds：水底三角州），L：湖沼，Td：支谷閉塞低地，g：礫層，
Sc：粗粒・中粒砂層，Sf：細粒砂層，m：泥層（シルト・粘土層）
一点太破線は，扇状地，蛇行原および三角州の境界線

図-1　5種の河成複式堆積低地の模式図
出典：鈴木隆介（1998）[1]

　蛇行原を構成する地形の主なものは，自然堤防と後背低地（氾濫平野）・後背湿地で，これらを形成した河川や名残川（旧河道），三日月湖が見られることも多い（図-2）。

1.2. 低地で発生する典型的な災害

1）浸水災害

　先述のような地形形成過程から，低地は河川の影響を受けやすい地域といえる。

　堤防が整備された地域では，河川の水が堤防の内側へ氾濫する「外水氾濫」は抑制されているものの，ひとたび

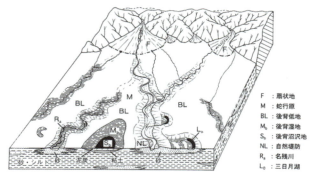

図-2　蛇行原の模式図
出典：鈴木隆介（1998）[1]

破堤・越水が発生すると広範囲が浸水し，甚大な被害を受ける。また，逆に堤防内部にたまった水が排水しきれずに浸水する「内水氾濫」が発生することもある。

　近年では，2015年9月に茨城県を流れる鬼怒川で堤防の破堤や越水による大規模な浸水災害が発生した（図-3）。また，2016年8～9月にかけて，東北・北海道地区で発生した豪雨災害でも，北海道の石狩川や空知川，十勝川，岩手県の小本川などで氾濫が発生するなど，わが国では毎年のように大小の浸水災害が発生している（図-4）。

2）地震災害

　河川等によって運搬されてきた土砂が堆積してできた低地は，ゆるく堆積した砂やシルト質の地盤で地下水位が高いために，規模の大きな地震が発生した場合，地震動の増幅や液状化によって大きな被害が生じることがある。特に名残川（旧河道）や後背湿地を埋め立てて造成したような土地では，液状化が発生しやすいといわれている（図-5）。

いまさら聞けない **地形判読 ③**

図-3　2015年9月関東・東北豪雨の浸水状況写真(上)および推定浸水範囲の変化(左下)と治水地形分類図「石下」図幅(右下)
出典：(上)国際航業株式会社HP[2]，(下)国土地理院HP[3]

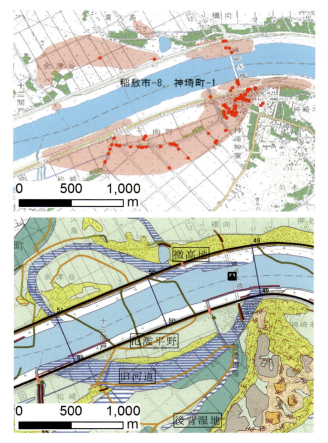

図-5　2011年東日本大震災時の液状化発生地点(上)と治水地形分類図「佐原西部」(下)
出典：(上)関東地方整備局・地盤工学会(2011)[7]，(下)地理院地図[6]

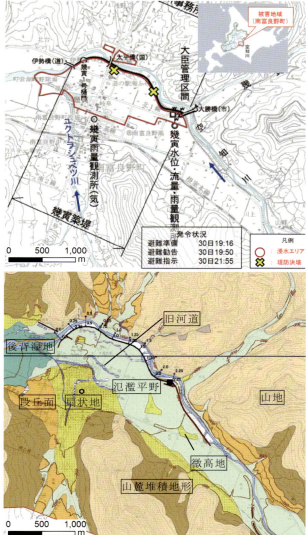

図-4　2016年8月台風10号豪雨災害による浸水状況の空中写真(上)，浸水エリアの概要(中)および治水地形分類図「西達布」「幾寅」図幅(下)
出典：(上)株式会社パスコHP[4]，(中)北海道開発局(2016)[5]，(下)国土地理院HP[6]

3）その他の災害

　これらの他，低地では地下水のくみ上げ等による地盤沈下や，重量構造物，盛土等の不同沈下などが課題となることがある。

　これらの災害はすべて低地の地形・地質特性を反映し

9

て発生した災害といえ，低地の中でも特定の地形種の周辺で発生しやすいことが知られている。

したがって，低地の地形を適切に読み解くことによって，ある地点で発生する災害を予見し，対策を講じることができるようになるのである。

2. 低地を読み解くためのツール

1章で述べたような災害が発生する低地の地形を読み解くために使用するツールを紹介する（図−6）。

2.1. 5mメッシュDEM

国土地理院のホームページでは「基盤地図情報」[8]が公開されており，全国の数値標高モデル（DEM）が無償で入手できる。ここではそれらのうち最も精細な5mメッシュ標高データを利用して地形を見てみよう。

まずは国土地理院の「基盤地図情報」のページから，検討範囲より少し広めに「数値標高モデル」をダウンロードしてほしい。あわせて，データ表示ソフトウエア「基盤地図情報ビューア」（無償）も入手しておきたい。

ダウンロードしたDEMデータを「基盤地図情報ビューア」で開くと，すでに色分けされた標高データが表示される。しかし，海岸部から山岳地域までを一連のカラーチャートで区分しているため，このままでは低地部分の微妙な高低差を読み取ることは難しい。

そこで「表示設定」を調整し，判読を行いたい低地の標高帯に特化して，微妙な高低差を確認できるように調整を行う。低平な平野であれば，標高差5〜10m程度の標高帯を10段階の色で区分すると，これまで見えていなかったわずかな高低差が浮き上がるように見えてくるはずだ。

このようにしてわずかな高低差を強調した図と，次節に示すような資料を照らし合わせていくと，低地の地形が徐々に読み取れるようになってくる。

2.2. 旧版地形図

明治期や昭和初期など，大規模な人工改変が行われる以前に作成された旧版地形図には，自然な状態に近い地形や，それを巧みに活かした土地利用が克明に記録されている。

また，旧版地形図では，地図に示されている記号が現在のものより細分されていることがある。例えば現在の「田」については，昭和30年の図式までは「乾田」「湿田」「沼田」の3区分が行われており，より詳細にその土地の性状をうかがい知ることができるのである。

旧版地形図は国土地理院および地方測量部の窓口にて

1枚数百円で購入できるほか，粗い画像であれば国土地理院のホームページ「地図・空中写真閲覧サービス」[9]でも公開されている。また，埼玉大学教育学部の谷謙二氏が運営する「今昔マップon the web」[10]では，全国11地域について，明治期以降の新旧の地形図を切り替えながらシームレスで表示することができ，便利である。

2.3. 空中写真

第2次世界大戦終戦直後に米軍が撮影した空中写真や，1960年代に国土地理院が撮影した空中写真には，地表の状況がありのままに写し取られているため，当時の地形や土地利用を詳細に確認することができる。

空中写真を判読するためにはやや特殊な技術が必要であるが，具体的な手法等についてはすでにたくさんの教科書が出されていることから，これらを参考とされたい。

連続する2枚の空中写真から実体視ができるようになると，地表面の微妙な高低差や質感，色調から，地形や土地利用の微妙な違いが判別できるようになってくる。

慣れるまでは微細な高低差を識別するのが難しいが，標高データや旧版地形図と見比べながら，違いがありそうなところを注意深く観察すると，どこかに境界が見えてくるはずだ。

空中写真は国土地理院のホームページ「地図・空中写真閲覧サービス」[9]から画像データがダウンロードできるほか，さらに高画質のデータは日本地図センターで購入することができる。

次回からは，これらのツールを使って実際に地形を読み解く方法について解説する。

参考資料

1）鈴木隆介（1998）：「建設技術者のための地形図読図入門」，第2巻 低地，古今書院.

2）国際航業株式会社HP　災害調査活動「平成27年9月関東・東北豪雨災害」，http://www.kkc.co.jp/service/bousai/csr/index.html

3）国土地理院HP　防災関連情報「平成27年9月関東・東北豪雨の情報」，http://www.gsi.go.jp/BOUSAI/H27.taihuu18gou.html

4）株式会社パスコHP　災害撮影「2016年8月台風10号豪雨災害」，http://www.pasco.co.jp/disaster_info/160902/

5）北海道開発局建設部河川管理課水害予報センター（2016）：平成28年台風10号による出水状況について

6）国土地理院HP　地理院地図にて表示される治水地形分類図（更新版）

7）国土交通省関東地方整備局・公益社団法人地盤工学会（2011）：「東北地方太平洋沖地震による関東地方の液状化現象の実態解明報告書」

8）国土地理院HP　基盤地図情報 http://www.gsi.go.jp/kiban/index.html

9）国土地理院HP　地図・空中写真閲覧サービス http://mapps.gsi.go.jp/maplibSearch.do#1

10）時系列地形図閲覧サイト「今昔マップon the web」（©谷謙二）http://ktgis.net/kjmapw/note.html

いまさら聞けない **地形判読** ③

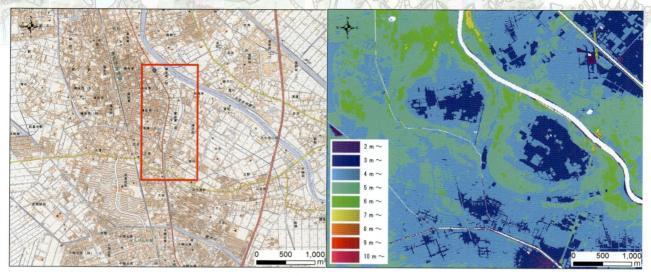

出典：地理院地図（最新の地形図，赤枠は概ね下の空中写真の範囲）[6]　　出典：5mメッシュDEMによる精細な標高区分図[8]

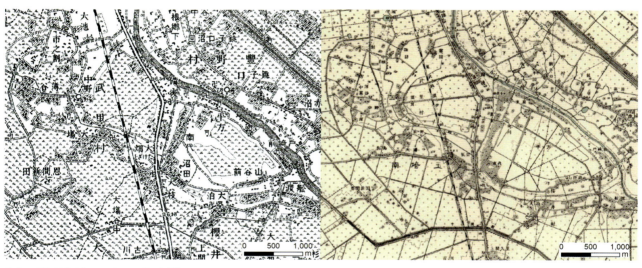

出典：明治39年測図5万分の1「粕壁」[10]　　出典：昭和28年測量2.5万分の1「野田市」[10]

出典：1949年米軍撮影空中写真（R536-No2-28〜29）[9]　　出典：1961年国土地理院撮影空中写真（MKT613-C32-6〜7）[9]

図-6　低地の地形を読み解くツール

11

低地の地形を読み解く（2）

株式会社 応用地理研究所　神谷 振一郎　朝日航洋株式会社　小林 浩　国際航業株式会社 防災部　西村 智博

1. 蛇行原を読み解く準備

1.1. 蛇行原に見られる地形種

　低地の代表的な地形種は，自然堤防と後背低地・後背湿地である。作業に入る前にまず蛇行原（氾濫原）におけるそれらの形成過程（図-1）と土地の特徴（表-1）を確認しておこう。

　表-1の上段4項目は形状や土地利用など実際に見える情報，あるいは地形図などに表現されている情報である。その下4項目はボーリング調査や災害史などから，経験的に知られている情報である。つまり，地形判読の成果から，地盤の状況や土地の性状，災害発生可能性などの情報を読み取っている（読みかえの原理[2]）。これらが各種計画や調査に有用な情報となる。

1.2. 資料の準備

　第3回で示された旧版地形図[3]，標高区分図（5mメッシュDEM）[4]，空中写真[5]を用いて地形判読をしてみよう。

　対象範囲は埼玉県春日部市と越谷市の市境付近，2万5千分1地形図では「野田市」図幅に入る（前号参照）。図内ではかつての利根川の本流である古利根川が北西－南東方向に流れている。

1）旧版地形図の土地利用を区分する

　大規模な治水対策が行われる以前は，人々は土地のわずかな起伏や地盤条件に合わせて土地を利用してきた。

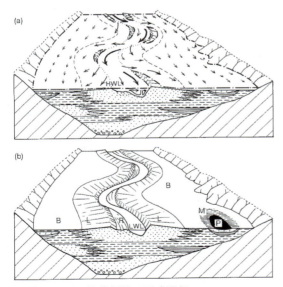

図-1　自然堤防と後背低地の形成過程
日本における蛇行原的な谷底堆積低地の場合を示す。
(a) 洪水時における氾濫水の流れ　大小の矢印は相対的な流速と流向を示す
(b) 低水時に見られる地形　R：河川敷，L：自然堤防，B：後背低地，M：後背湿地，P：後背沼沢地・湖沼
出典：鈴木隆介（1998）[1]

表-1　蛇行原に見られる単式地形種の特徴
出典：鈴木隆介（1998）[1]を編集

	河川敷	現成の自然堤防	現成の自然堤防の背後の後背低地	旧流路に沿う古い自然堤防	旧流路に沿う流路跡地
形態の特徴	滑走部に寄州，攻撃部に侵食崖，中州	河川の両岸にそう蛇行状の帯状微高地	自然堤防の背後の低平地で平面形は不定形	蛇行流路跡地の両側の帯状微高地	蛇行した帯状の低湿地
河川などの形態	蛇行流路	―	自然堤防を伴わない蛇行流路	―	名残川，三日月湖
農業的な土地利用	裸地，草地，普通畑，桑畑，果樹園	桑畑，果樹園，普通畑	乾田または湿田，沼田	桑畑，果樹園，普通畑，林地	湿田，沼田
古い集落，道路，社寺	―	帯状又は弧状の集落，古い道路，社寺，墓地	少数の塊村，直線的道路	帯状又は弧状の集落，古い道路，社寺，墓地	―
表層地盤	砂層	砂層	細砂，シルト，粘土の互層，泥層	細砂，シルト，粘土の互層	泥炭，泥炭層
地下水面の深さ	河水面に一致	後背低地の地表面とほぼ同じ	数cm～約1m	後背低地の地表面とほぼ同じ	地表面とほぼ同じ
災害に関する特性	―	数十年に1度の大出水以外に冠水しない。護岸が無いと側刻	氾濫時に冠水，排水不良，地盤沈下，液状化	冠水する可能性は極めて小さい。排水良好	本流からの越流で冠水，排水不良，地盤沈下，液状化
地盤の良否	やや不良	良好	不良～極不良	良好	極不良
関連する地形	希に川中島	河畔砂丘	押堀，蛇行痕，泥炭地	古い河畔砂丘	泥炭地，河跡湖，蛇行痕

図-2 旧版地形図の土地利用区分
出典：昭和28年測量2.5万分の1「野田市」[3]に土地利用区分等を重ねた。記号は本文参照。黒枠は図-4，図-5の範囲

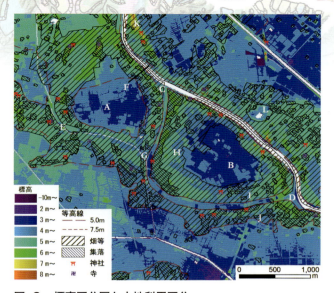

図-3 標高区分図と土地利用区分
出典：基盤地図情報5mメッシュDEM[4]から作成。旧版地形図の土地利用区分等を重ねた。記号は本文参照

当時の土地利用（＝土地条件）をより明瞭にするために主な土地利用を区分したものが図-2である。集落と畑等（畑，空地，果樹，桑畑，樹林地，草地など。以下「畑等の範囲」と記載）を塗り分けた。残ったところは主に水田（水田，沼田）である。さらに寺社記号と5m，7.5m等高線を抜き出した。

2）標高区分図の色分け

標高2m～8mを1mごとに色分けした。標高区分図だけでは他の地図と対比できないので，旧版地形図で区分した情報を重ねて示した（図-3）。DEMは地形改変の進んだ現在の地表面の高さを示すことに留意する。

3）空中写真を用意する

広範囲に地形が変えられて，地表が人工物で覆われる前の，旧版地形図に近い時期の空中写真を揃えた（図-4，5）。今回は参考として，地形の区分に関係すると思われる傾斜変換線，土地利用界，階調の境界などを写真に書き入れた。

2. 蛇行原の地形を読み解く

2.1. 全体の特徴を把握する

各資料の準備が整ったところで，まずは旧版地形図と標高区分図で対象地域がどのような特徴を持つ土地であるかを把握する。

対象地域は標高5m前後の土地である。畑等の範囲は古利根川沿いと地点A，Bの水田地帯を取り囲んで帯状に連続している。全体として北西－南東方向に分布する。集落の大部分と寺社は畑等の範囲内に分布する。水田と

の境界は5m等高線とよく一致する。

水田は地点A，Bと北東部の庄内古川，南部の千間堀沿いに広がる。古利根川の右岸の地点Cから南へ弧を描き地点Gを経て，再び地点Dで古利根川に繋がる，周囲が畑等の範囲に囲まれた一段低い溝状の水田地帯がある。地点E付近にも連続性は悪いが同様の水田が存在しており，いずれも水が流れていない川のような形状を示す。

2.2. 対象範囲の地形区分

1）旧河道（蛇行痕跡）

地点Cから地点Dにかけて続く一定幅の帯状の水田地帯は，古利根川の流路と同じく5m等高線に囲まれた低い土地で，幅もほぼ同じである。これは古利根川の旧河道である。空中写真でも明瞭な土地利用境界で区分された起伏のない水田地帯が連続している。

2）自然堤防

旧河道の両側に見られる畑等の範囲とした土地を見てみよう。範囲の境界には5m等高線が走り，三角点や水準点（5m以上）から，畑等の範囲側が水田より高い土地であることが分かる。標高区分図（図-3）を見ると，区分6m以上で示される，周囲より高い土地の大部分を含んでいる。空中写真では階調が明るく，地表面は凹凸（実際の起伏，あるいは建物や植生によるもの）があるように見える。畑地は区画が小さく形状が不定形である。

畑等の範囲の断面形状を標高区分図で確認しよう。古利根川右岸の断面Fを河川側から見ていくと，河川沿いの区分4m以上の土地からすぐに6m以上の土地になり，そこから水田との境界にかけて徐々に低くなる。つまり，

図–4 1960年代の空中写真
出典：1961年国土地理院撮影(MKT613-C32-6,7)[5]。記号は本文参照

図–5 1940年代の空中写真
出典：1949年米軍撮影(R536-No2-29,30)[5]。記号は本文参照

河川側が急で背後に緩やかな非対称斜面を持つ自然堤防の形態的特徴を示している。よって河川および旧河道沿いの畑等の範囲は自然堤防であろう。曲線を描いて走る道路，集落や寺社の立地状況も自然堤防の特徴と一致する（表–1）。特に集落は自然堤防の頂部に位置しているものが多い。

3）後背低地

水田とした範囲は後背低地に当たる。平坦で低湿であることから水田に利用され，そこに集落のまとまった立地はあまり見られない。後背低地上の直線的な道路と自然堤防上の曲がった道路との対比が，明瞭である（表–1）。

以上から対象範囲の地形を概観すると，古利根川が北西から南東に流れており，現況河道と旧河道沿いには自然堤防が連続的に発達し，その周囲に後背低地が広がる低平な地域である。

2.3. 地点ごとの判読結果と判読のポイント

もう少し細かく，空中写真（図–4，5）も用いて地点ごとに判読のポイントを見ていこう。

地点A：空中写真では後背低地とした範囲に，階調の明るい土地がある。しかし土地利用・比高とも周囲の水田と違いがないため，後背低地が妥当である。

地点E：弧を描いて南東～東南東に延びる水田も旧河道であろう。地点Eでは根－前野付近まで延びる水田が，その東南東側の水路とそれに並行する道路に挟まれた土地になめらかに繋がっており，旧河道と判断してよい。蛇行の屈曲程度は旧河道C–Dとほぼ同じである。道路や集落の形状や分布から，北側の宮田や諏訪，中根，さらに西側の中野方向には自然堤防が発達しており，標高区分図では連続性が悪く不明瞭であるが，低所・高所の

列が数条認められ，地点Eに繋がる流路があったと推察される。下流側は地点Gで旧河道C–Dと繋がるように見える。2つの旧河道を比較すると，旧河道C–Dの方が，地形境界が明瞭かつ連続性が良く，地点Gでは旧河道E側を塞ぐように自然堤防状の土地が見られることから，旧河道C–Dの方がより新しい流路跡と考えられる。

地点H：旧河道C–Dの左岸側の自然堤防である。蛇行の攻撃斜面にあたり，空中写真では旧流路との土地利用，高低差が明瞭である。特に旧流路側斜面の樹林が境界を際立たせている。反対側は後背低地に緩傾斜で移行することが標高区分図で分かる。空中写真で階調が明るく，土地利用区画が明瞭な範囲を自然堤防と区分する。境界は畑等の範囲の外側を結ぶラインとしてよい。境界部を耕作地とする場合には自然堤防側を切り開いて水田を広げてきたと考えられるためである。

地点I：旧河道C–Dの自然堤防である。旧版地形図を見ると，後背低地寄りに位置する山谷前集落と旧河道の間に，それに並行して一列の集落があるように見える。空中写真でも集落の間が低いように見える。旧流路があった可能性があるが判然としない。

地点J：対岸の地点Iと同じように，2列の集落とその間の低所という配置であり，旧流路の可能性がある。

2.4. その他の地形種

地点K：古利根川左岸で畑等の範囲である。地点Bを標高区分図で見ると約8mで後背低地との比高は3～4m，図内の自然堤防が比高1～3mであるのに比較するとやや大きい。その高まりの形状は，河川が南西に凸なのに対して，北北西－南南東に直線的に延びており，幅が狭く，頂部は堤内地寄りに位置し，両側の傾斜が急である。

図-6 治水地形分類図と土地利用区分
出典：国土地理院の治水地形分類図[6]に旧版地形図の土地利用区分等を重ねた。凡例を「押堀」とした[7]。記号は本文参照。中央右の矢印と線は図-7俯瞰図の視点と断面位置

自然堤防とは比高や形態に差異があり，その特徴から河畔砂丘の可能性がある。河畔砂丘は河床の砂が風により運搬，堆積してできた砂丘であり，自然堤防とは形成過程，形成物質が異なる。

地点L：畑等の範囲に囲まれた池を持つ楕円形の水田がある。上流の銚子口あたりで幅約300mの自然堤防はここで100mほどになる一方，水田の北から東側にかけて畑等の範囲が張り出している。周辺の自然堤防とはやや性質が異なるようである。空中写真では自然堤防をくり抜いたような低平地があり，そこから北〜東方向へ道路や畑境界などが扇状に発散するように見える。これらの条件から，この池は破堤箇所の激しい洪水流によりえぐられた押堀（おっぽり）であり，その下流側に破堤堆積物が堆積しているものと考えられる。

2.5. 判読結果の確認

以上の地形判読結果を低地の地形分類図として広域に整備されている「治水地形分類図」[6]（図-6）と比較しながら確認してみよう。

旧版地形図の土地利用の区分と地形の読み取りで，自然堤防と後背低地，旧河道はおおむね区分できている。自然堤防と後背低地の境界は，標高区分図では比高がほとんどないが，空中写真の土地利用や階調の境界とほぼ一致する。

旧河道の可能性がある箇所のうち，不明瞭な箇所は治水地形分類図では取得されていない。比高や形状が判然としない旧河道は取得しないためである。現地で確認できればよいが，すでに土地が改変されているため確定は困難であろう。

治水地形分類図では後背湿地が区分されているが，今回の作業では資料不足および範囲不足の理由から取得できなかった。

地点Kは河畔砂丘とされており判読結果と一致する。

地点Lは押堀である。空中写真の範囲外だったが北西部の水深6.0mの円形の池（大池）も押堀である。

今回は地形図や標高区分図，空中写真から蛇行原の自然堤防と後背低地を中心とした地形判読作業を紹介した。容易に入手可能な複数の資料を照合するだけでも判読確度は格段に上がる。土地の性状についてさらに言及するにはより広範囲の読図が望ましい。

図-7は地点B付近から北西方向を描いた俯瞰図である。読者にもこのような姿が思い描かれたのではないだろうか。

参考資料

1) 鈴木隆介（1998）：「建設技術者のための地形図読図入門」，第2巻 低地，古今書院
2) 今村遼平（2012）：「地形工学入門 地形の見方・考え方」，鹿島出版会
3) 時系列地形図閲覧サイト「今昔マップ on the web」©谷謙二 http://ktgis.net/kjmapw/
4) 国土地理院 基盤地図情報ダウンロードサービス https://fgd.gsi.go.jp/download/menu.php
5) 国土地理院 地図・空中写真閲覧サービス http://mapps.gsi.go.jp/maplibSearch.do#1
6) 国土地理院 地理院地図にて表示される治水地形分類図（更新版） http://maps.gsi.go.jp/
7) 日本地理学会災害対応委員会（2016）「防災における地形用語の重要性」http://ajg-disaster.blogspot.com/2016/10/blog-post.html

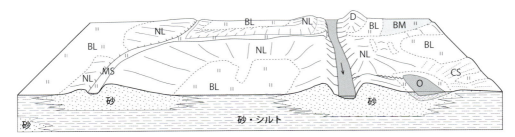

図-7 対象地域の俯瞰図
NL：自然堤防，BL：後背低地，BM：後背湿地，D：河畔砂丘，MS：旧河道，O：押堀，CS：破堤堆積物

低地の地形を読み解く（3）

朝日航洋株式会社 **小林　浩**　　国際航業株式会社 防災部 **西村　智博**　　株式会社 応用地理研究所 **神谷　振一郎**

1. やや複雑な蛇行原の地形

　前回の事例は，周囲に河川流路の移動を規制する地形がほとんどないうえ，上下流を含めた縦断勾配も概ね一定で，時間的・空間的に比較的安定した地形場の地域であった。

　一方，台地中に発達した幅の狭い低地や，土砂移動の激しい河川，縦断勾配の変化点付近などといった条件下では，やや複雑な様相を呈する。

　ここでは，鬼怒川中流部を例に具体的に説明する。準備する資料は，旧版地形図，標高区分図（5mメッシュDEM），空中写真である。

2. 具体的な地形事例を読み解く

2.1. 全体の特徴を把握する

　鬼怒川は栃木県北西部を水源とし，同県南部から茨城県西部を南流して利根川に合流する，幹川流路延長176.7km，流域面積1,760km^{2}の河川である[1]。上流部は複数の火山が分布する土砂生産の多い急峻な山地で，このため鬼怒川は出水時に多量の土砂を流下させる。

　対象とするのは鬼怒川の24kp〜28kp付近で，この付近の最新の地形図を図-1に示す。図西部には鬼怒川が，東部には小貝川がそれぞれ北から南に流下している。前後の鬼怒川の縦断勾配は約1/2,500であるが，小貝川は1/6,000と緩い[2]。なおこの付近の小貝川は中世以前，鬼怒川の流路であった時代もあると言われている。

鬼怒川東岸の県道沿いには集落が断続するが，小貝川西岸沿いには小規模な集落が点在するのみである。一方，

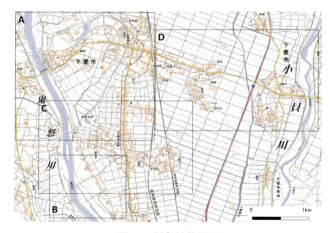

図-1　対象地位置図
出典：地理院地図[5]に加筆

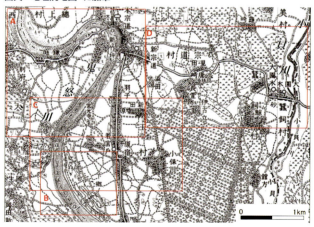

図-2　対象地の旧版地形図（5万分の1地形図「水海道」（明治40年測図・明治45年発行）
出典：今昔マップon the Web[6]に加筆

両者の間には格子状の道路が整備された広大な耕地が広がる。耕地にはほとんど集落は見られないが、Cの枠内では国道沿いから東方の耕地に集落が突出するように分布している。同様にDの枠内では耕地中に島状に集落が分布している。

図-2に旧版地形図を、図-3に標高区分図を示す。個別の説明は後述する。

2.2. 旧流路と人工の河道(A)

図-1中の鬼怒川の流路は直線的であるが、Aの枠内には流路から分岐し東方に屈曲したのち再び流路に合流するような形状の、道路の分布や土地利用が周囲とは異なる帯状の領域が見られる。また、この間の流路は河川堤防幅・水部幅も一定でひときわ直線的である。

図-1と図-2を比較すると、Aでは鬼怒川の流路が大きく変化している(図-4)。現在の流路は1935年に完成した鎌庭捷水路と呼ばれる人工の流路である。このためひときわ直線性の高い区間となっている。なお図-1では同区間の上流端付近と下流端付近に「せき」の記号が見られるが、これは捷水路の完成で本区間で約2.2kmほど流路が短縮したことにより、河床縦断勾配が大きくなったため、河床の急激な侵食を防止する目的で設置された床止工である。

2.3. 河畔砂丘(B)

旧版地形図(図-5)では、B付近の鬼怒川東岸に、河川に平行に延びる20mの等高線で囲まれた3列の細長い高まりが描かれている(赤枠内)。最も高い地点は三角点のある32.1mの地点で、比高は少なくとも12m以上あり、高まりの斜面の傾斜は大きい。土地利用は針葉樹林で耕地等には利用されていない。

図-5を見ると、河川の前後の河床は砂質であること、河道の東側にあたる蛇行の内側に寄り州が発達すること、高まりが筋状で周辺の自然堤防よりも明らかに斜面勾配が大きく、また上下流で消失すること、土地利用が林地のみであることなどから、この地形は河畔砂丘と考えられる。なお河畔砂丘を形成する砂は建設資材として需要が多く、高度成長期に掘削され失われた箇所も多い。

2.4. 破堤堆積物による地形(C)

旧版地形図(図-2)を見ると、C付近では小保川集落付近を南北に貫く道路を境に東側は水田が広がり、西側は鬼怒川までの間が畑が中心で一部桑畑や水田が見られる。前節で読み解いた河畔砂丘も西側に分布している。集落は西側の畑地の中を南北に貫く道路に沿って断続す

るが、東側の水田中には点在するのみである。

水田は地下水位が高く排水のあまりよくない土地、畑地は相対的に水はけのよい微高地を表すと考えれば、東

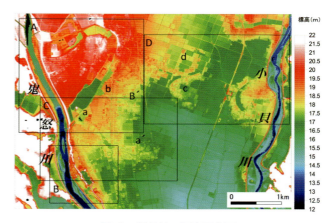

図-3 対象地の標高区分図
出典:基盤地図情報5mメッシュDEM[7]から標高段彩図を作成

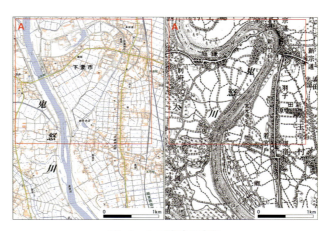

図-4 Aの流路の変化
出典:地理院地図[5]及び明治40年測図5万分の1「水海道」(今昔マップon the Web)[6]に加筆

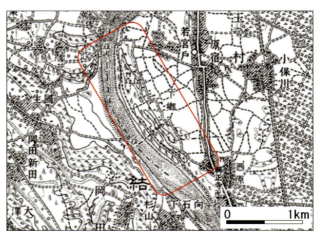

図-5 Bに見られる筋状の高まり(赤枠)
出典:明治40年測図5万分の1「水海道」(今昔マップon the Web)[6]に加筆

側の水田分布域は後背湿地，西側の畑地分布域は自然堤防に対応すると考えられる。自然堤防であるならばわずかな標高差があるはずである。そこで図-3に示す基盤地図数値標高モデルから作成した標高段彩図を見ると，西側の畑地分布域は鬼怒川(旧流路)沿いに広い幅で連続する微高地上に位置し，また，畑地分布域は西側ほど高まる傾斜を持つこと，などが確認された。

ところで，図-3をよく見ると自然堤防を横断して幅の狭い帯状に低くなった部分が見られる(a-a')。その東側には後背湿地中に微高地が張り出しており，微高地の上面に集落が立地している。一方旧河道との接点付近(図中a)には自然堤防上に池が存在する(図-6,7参照)。

このような地形は，かつて出水時に自然堤防が決壊した名残の微地形と考えられる。aに見られる池は，破堤した際に決壊箇所直下流に形成される押堀(おっぽり)，また帯状のわずかな低地はクレバスチャネル，その先の後背湿地に張り出した微高地は破堤堆積物(クレバススプレー)によるものと考えられる[3]。クレバスチャネルやクレバススプレーの比高はほんのわずかで，現地でも確認するのが難しいため，基盤地図情報による標高段彩図は非常に有効である。

なおa-a'のやや上流にも，b-b'に規模は小さいが同様の地形が見られる。図-7に，米軍写真から抜粋し加筆したものも併せて示す。

2.5. 旧河道(D)

図-1や図-2で，鬼怒川と小貝川の間に広大な耕地(水田)が広がっており，集落は一部に島状にあるほかは見られないことを指摘した。

図-8によれば，この集落(図中c)は鬼怒川旧流路より東に広がる畑地の東端に位置し，集落の並びは湾曲した帯状で，その北端では二列に並んでいるように見える。またその北側(図中d)にも同様の曲率で逆方向に湾曲した道路・畑地・人家などの並びが見られる。畑地・人家が混在することからこれらの土地は水田よりもわずかに高い一方，図中cで集落の間に挟まれた帯状の水田は図中dの湾曲した道路や畑地などの並びの中に延びている。

しかし地形図だけでは連続性がいまひとつよくわからない。そこで空中写真(ここでは地形改変が進む以前に撮影された米軍写真を利用)で見ると，図-9のように微高地に挟まれた帯状の水田が，明瞭に連続した帯状のやや明るい色調の土地となって観察される。

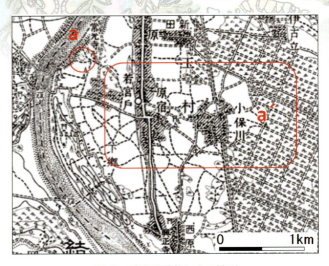

図-6　破堤堆積物による地形
出典：明治40年測図5万分の1「水海道」(今昔マップon the Web)[6]に加筆

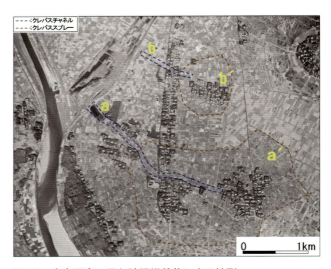

図-7　空中写真で見た破堤堆積物による地形
　　　(青破線：クレバスチャネル，茶破線：クレバススプレー)
出典：1947年米軍撮影(R388-100)[8]に加筆

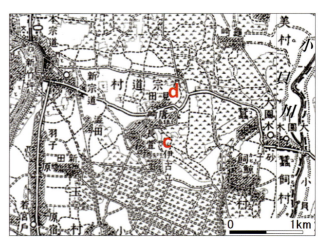

図-8　旧河道と自然堤防
出典：明治40年測図5万分の1「水海道」(今昔マップon the Web)[6]に加筆

この地形も比高がわずかであるため、基盤地図情報による標高段彩図は非常に有効である。図-3に集落の位置も含めて併せて示す。なお基盤地図情報はあくまで現在の地形であり、土地改良等で元地形が失われてしまった場合は表現できないため、大規模な地形改変前の空中写真の情報は極めて重要である。

2.6. 災害特性とまとめ

判読した地形の範囲は、平成27年9月の平成27年関東・東北豪雨災害の際に鬼怒川の決壊等により大規模に浸水する被害を受けた。

氾濫当日夕方の斜め空中写真を図-10に示す[4]。写真中央を左(a)から右にクレバスチャネルが延び、右端付近でクレバススプレーによる微高地となっている(a')が、写真からはクレバススプレーの微高地はかろうじて浸水を免れた耕地や宅地が散見される。またその上方に逆S字型(c,d)の緑地が見えるが、これがDの旧河道沿いの自然堤防の微高地であり、これも浸水を免れた土地が断続して見える。一方Bの河畔砂丘の跡地やその上流側に連続する自然堤防は、地形改変による平坦化と溢水地点近傍のため浸水している。

このように、直接洪水流が影響する範囲を除き、河川との比高で被害の程度が決まるような浸水では自然堤防などの微高地か否かが被害の大小に大きく影響することがわかる。低地における地形判読の重要性が、ここにある。

最後に、治水地形分類図「石下」(平成23年)を示す(図-11)。凡例区分が簡略化されているためb-b'のクレバスチャネル〜クレバススプレーは表現されていないが、それ以外の判読内容は概ね治水地形分類図と整合している。

参考資料
1) (財)河川環境管理財団河川環境総合研究所(2009):鬼怒川の河道特性と河道管理の課題ー沖積層の底が見える河川ー、河川環境総合研究所資料第25号.
2) (財)河川環境管理財団河川環境総合研究所(2007):河道・環境特性情報の読み方と利用ー事例研究を通じてー、河川環境総合研究所資料第18号.
3) 応用地形学研究部会(2016):鬼怒川洪水災害合同巡検(応用地形学研究部会・災害地質研究部会)報告、応用地質、vol.57, No.4, 2016.
4) 朝日航洋株式会社(2015):H27台風18号に伴う大雨による鬼怒川決壊状況,朝日航洋株式会社HP, https://www.aeroasahi.co.jp/news/detail.php?id=22
5) 国土地理院「地理院地図」http://maps.gsi.jp/.
6) 谷謙二「今昔マップon the Web」http://ktgis.net/kjmapw/
7) 国土地理院「基盤地図情報数値標高モデル」 https://fgd.gsi.go.jp/download/
8) 国土地理院「地図・空中写真閲覧サービス」 https://mapps.gsi.go.jp/maplibSearch.do#1

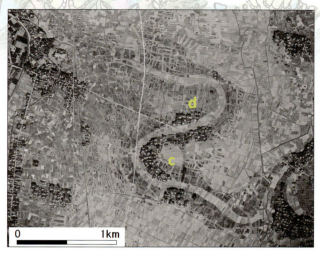

図-9 空中写真で見た旧河道と自然堤防
出典：1947年米軍撮影(R388-100)[8]に加筆

図-10 平成27年9月10日浸水状況、記号は図-3等と同じ(朝日航洋(株)撮影)
出典：朝日航洋(株)HP

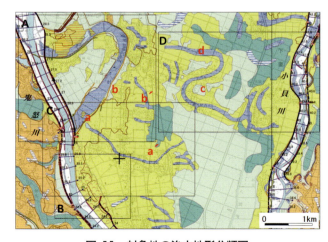

図-11 対象地の治水地形分類図
出典：地理院地図[5]に加筆

土石流がつくる地形を読み解く（1）

国際航業株式会社　小野山 裕治　　株式会社 荒谷建設コンサルタント　加藤 弘徳　　明治コンサルタント株式会社　関場 清隆

1. 土石流とは？

1.1. 地形を読み解くことの大切さ

広島県広島市における平成26年8月豪雨は，20日未明にかけて数百年に一度の局地的な豪雨となり，土石流が多発して，死者74名に及ぶ甚大な土砂災害となった。

特に被害が大きかった安佐南区の八木・緑井地区では，阿武山山麓の緩斜面上に家屋が建てられており，土石流が家々の間を突き抜けて被害を大きくしていた[1]（図-1）。

図-2　広島市緑井8丁目の土石流地形（黄破線：沖積錐）

図-1　広島市八木地区の被災状況（広島市[1]）

被災した家屋が建てられた緩斜面は，土石流が頻繁に生じることで谷口に形成される扇状の地形で，「沖積錐」と呼ばれる特徴的な地形であった（図-2）。家を建てる時に，そこが土石流の堆積によってできた場所だと分かっていれば，きっと別の場所に建てたに違いない。

山から一気に押し出す土砂の流れを，昔の人は大蛇が通り抜けた跡に例え，「蛇崩れ」，「蛇抜け」と呼んでいた[2]。土石流が発生した阿武山には，その昔「蛇落地（じゃらくち）観世音菩薩」が祀られていたため，古い地形図では「上楽地（じょうらくじ）」に転じた地名が残っている（図-3）ほか，山に棲む大蛇を青年が退治した伝承

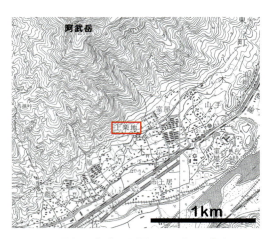

図-3　昭和42年修正測量2.5万分の1「祇園」
出典：今昔マップon the Web[7]に加筆

も残されている[3]。

このように、繰り返す土石流災害の危険を、先人は地名や伝承で残そうとしていたが、宅地開発が進み、地名が変わり、数百年に一度の災害は忘れ去られてしまった。しかし、土石流が頻発したことを示す地形（沖積錐）は残っており、今回の広島の豪雨災害は、土砂災害につながる地形を読み解くことや、それを社会に伝えていくことの大切さに改めて気づかされた災害であった。

1.2. 土石流の定義

土石流は、「蛇崩れ」や「蛇抜け」、「山津波」、昭和以降に「鉄砲水」や「土石流」と呼ばれるようになり、1970年代に入りビデオカメラ等でその姿が周知されるまでは、実態がよく分からない土砂災害として恐れられていた。

鈴木（1998）[4]は、土石流（debris flow）を『急傾斜（約20°以上）の渓床または斜面に多量に存在していた岩塊の集団が水を含んで、水を潤滑剤とする粥状の粘性流体となり、重力に従って下方に高速で移動する現象』と定義している。また法的には、「土砂災害警戒区域等における土砂災害防止対策の推進に関する法律（平成12年法律第57号）」において、『山腹が崩壊して生じた土石等又は渓流の土石等が水と一体となって流下する自然現象』と定義しており、扇頂から下流で勾配2°以上を土砂災害警戒区域に指定している。

1.3. 土石流のメカニズム

鈴木（1998）によれば、土石流が発生する誘因としては、①豪雨による渓床堆積物の侵食・流動化、②豪雨・地震による山腹斜面の崩落（表層崩壊・深層崩壊）、③天然ダムの決壊、④火山活動に伴う山体崩壊、噴出物の発生などが挙げられている。これらの誘因で発生した岩塊・土砂は、水を潤滑剤と運搬媒体としながら、重力によって時速数kmから数十kmの高速で流動すると考えられている。河谷等を流下して谷口付近に達した土石流は、渓床の勾配が約10°から15°に低下すると重力が徐々に弱まり、径の大きな岩塊から順に流動を停止し3°前後でほぼ定着・堆積するようになる。すなわち、斜面や河谷・渓流の勾配によって「発生」、「流動（流下）」、「停止・堆積（定着）」の3つのプロセスに区分される。砂防分野では「発生」プロセスの勾配下限を15°～20°、「流動」プロセスの勾配下限を10°前後、「堆積・停止」プロセスの勾配下限を2°～3°としていることが多い[5]（図-4）。

土石流は砂や細礫主体の土砂流となって成層しながら薄く定着し、さらに砂泥土主体の洪水流は、数kmも流

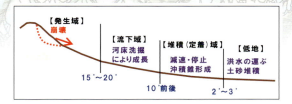

図-4 土石流のプロセス
出典：防災科研[5]を一部改変

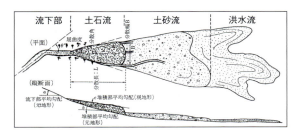

図-5 土石流と土石流堆積地形の概念図
出典：鈴木隆介（1998）[4]

動して定着することがある（図-5）。

2. 土石流による災害

過去40年に発生した13件の代表的な土石流災害を見てみると（次頁表-1）、豪雨と長雨によるものが12件、地震および豪雨によるものが1件であった。土石流を発生させた土砂の供給源は、ほとんどが谷頭・渓岸部などの崩壊土砂であり、深層崩壊によるものが2件認められる。

2009年の山口県豪雨災害（図-6）や、2011年の紀伊半島大水害（図-7）のように、土石流の発生箇所と被災箇所がかなり離れているケースもあり、土石流災害の危険性を想定していない箇所で被災する可能性もある。また、豪雨で避難ができないうちに土石流が発生して被災した例も多く、避難のタイミングや、避難経路・避難所

図-6 2009年山口県豪雨（防府市真尾川）

図-7 2011年紀伊半島大水害（那智勝浦町金山谷川）

表-1 過去40年の代表的な土石流災害の例

発生年	被災エリア	災害の名称	土石流発生要因	主な被害
1982年(S57)	長崎県長崎市	長崎大水害	梅雨集中豪雨谷頭・渓岸部の崩壊土砂流出	死者等299名全壊584戸
1983年(S58)	島根県西部	昭和58年7月豪雨	梅雨前線停滞長雨・集中豪雨崩壊土砂流出	死者108名全壊968戸
1997年(H9)	鹿児島県出水市	針原地区土石流災害	梅雨前線停滞長雨・集中豪雨深層崩壊	死者等21名全壊19戸
1999年(H11)	広島県広島市・呉市	平成11年6月広島豪雨災害	梅雨前線停滞による長雨急傾斜地の崩壊土砂流出	死者等35名全壊153戸
2009年(H21)	山口県防府市他	平成21年7月山口県豪雨災害	梅雨前線による長雨・豪雨、谷頭・渓岸部の崩壊土砂が長距離流動	<山口県>死者等22名全壊33戸
2009年(H21)	福岡県大野城市篠栗町飯塚市等	平成21年7月九州北部豪雨	梅雨前線による長雨・豪雨、谷頭・渓岸部の崩壊土砂流出	<福岡市>死者等10名全壊9戸
2011年(H23)	奈良県和歌山県三重県	平成23年9月紀伊半島大水害	台風による豪雨深層崩壊発生に伴う河道閉塞や崩壊土砂流出	死者等78名全壊371戸
2011年(H23)	和歌山県那智勝浦町	平成23年9月紀伊半島大水害	台風による豪雨表層崩壊による大量の岩屑・流木が流出し河道閉塞	<那智勝浦>死者等28名全壊103戸
2012年(H24)	九州北部特に熊本県阿蘇町	平成24年7月九州北部豪雨(熊本阿蘇)	梅雨前線停滞長雨・集中豪雨崩壊土砂流出	<熊本県>死者等25名全壊209戸
2013年(H25)	東京都伊豆大島	平成25年10月伊豆大島豪雨災害	台風・前線活動による豪雨火山砕屑物の表層崩壊・流出	死者等39名全壊71戸
2014年(H26)	長野県南木曽町	平成25年7月長野県南木曽土石流災害	台風による短時間豪雨崩壊土砂流出	死者1名全壊10戸
2014年(H26)	広島県広島市	平成26年8月豪雨災害のうち広島土砂災害	線状降水帯の短時間局所豪雨崩壊土砂流出	死者等74名全壊174戸
2016年(H28)	熊本県阿蘇町ほか	平成28年熊本地震	地震動による崩壊土砂流出梅雨前線の集中豪雨による流出	死者等3名全壊10戸

の安全性など防災上の課題が多い災害といえる。

3. 地形から土石流を読み解く

3.1. 土石流のプロセスと地形勾配

土石流により形成された地形の判読は，水が集まり岩塊や土砂が「発生」する場を見つけ，それらが重力により「流動」した痕跡を辿り，「堆積(定着)」する場を探すという，土石流のプロセスを読み解くことが重要である。

ここでポイントとなるのが，斜面や渓床の勾配と土石流プロセスの関係である。発生の場は勾配が15〜20°以上の斜面や渓床であり，流動から定着の場は勾配が約10°から3°の間と考えられることから，地形図の等高線間隔を測ることで大まかな土石流プロセスの場が予測できる。表-2に2.5万分の1地形図の計曲線(50m)と主曲線(10m)の間隔と勾配の関係を示す。発生の場は計曲線が5.5mm，主曲線が1.1mmよりも狭く，定着の

表-2 斜面・渓床の勾配と2.5万分の1地形図等高線の間隔

土石流プロセス	勾配θ(度)	50m計曲線間隔(mm)	10m主曲線間隔(mm)	模式図
発生流動	50	1.7	0.3	
	40	2.4	0.5	
	30	3.5	0.7	
	20	5.5	1.1	
	15	7.5	1.5	
堆積(定着)	12	9.4	1.9	
	10	11.3	2.3	
	3	38.2	7.6	

場は主曲線が1.5mmから7.6mmの間の範囲が目安となる。

3.2. 土石流の発生・流動の場を探す

土石流が発生する場を知るためには，着目する河谷・渓流の分水嶺を追跡し，源頭部の谷を見つけることが重要である。このような場には崩壊地形やガリーの他に，渓床部がU字形の溝状に削り取られた地形からなる「土石流谷」が形成されていることがある。谷沿いの渓床堆

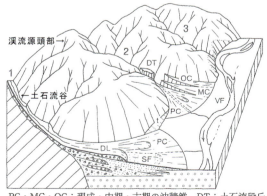

PC・MC・OC：現成・中期・古期の沖積錐，DT：土石流段丘，DL：土石流堆，SF：土砂流原，VF：河成堆積低地，t：崖錐．1：沖積錐を伴う谷，2：沖積錐と土石流段丘を伴う谷，3：土石流は発生するが，本流の側刻のために沖積錐の発達しない谷．

図-8 土石流がつくる地形の例
出典：鈴木隆介(1998)[4]

いまさら聞けない 地形判読 ⑥

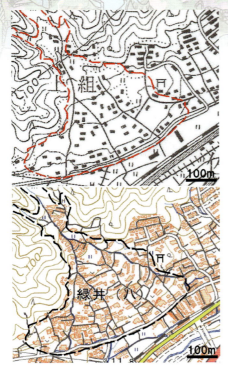

図-9 広島市緑井8丁目の新旧地形図
出典：(上)昭和42年2.5万分の1「祇園」[7]
　　　(下)地理院地図[8]
破線の範囲が判読による沖積錐地形

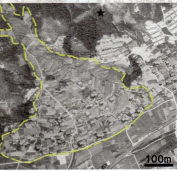

図-10 広島市緑井8丁目の沖積錐（★印を目安に実体視）
出典：1962年国土地理院撮影(MCG628-C9A-14, 15)[6]

積物に溝状の微地形や「がけ」記号が連続する場合には，土石流谷の存在を推定してみるとよい（図-8）。

3.3. 流動から堆積の場にできる「土石流堆」

　土石流の流動プロセスでは，勾配の変化に応じてダイナミックに岩塊や土砂が堆積（定着）と侵食を繰り返している。谷底に定着した土石流堆積物は，幅数mの中央が盛り上がった細長い「土石流堆(debris flow lobe)」を形成する。土石流堆は，侵食や新しい土石流により消失を繰り返すため，新しい土石流の活動を把握するために重要な地形情報となる。2.5万分の1地形図では土石流堆のような微地形の判読が難しいため，図-10のような空中写真やDEM等の数値地図を活用して判読してみよう。

3.4. 土石流堆の集合体「沖積錐」

　土石流の流動プロセスの中で，河谷を経て谷口に到達した土石流は，側方の拘束を解かれ，いわゆる土石流の首振りと言われるように，様々な方向へ放射状に土石流堆が堆積するようになる。このようにして扇状の緩傾斜地である「沖積錐(alluvial cone)」が形成される。この沖積錐は半径が1kmを超えることは少なく，渓床勾配が大きく（15°以下），表面が凸凹しており，通常は流路の形成がみられないことを特徴としている。

　この沖積錐に類似した地形として扇状地(fan)や崖錐(talus)が挙げられる。扇状地は土石流によって出来る沖積錐と異なり，主に河川営力による土砂の堆積で形成されるため，規模がより大きく，渓床勾配も5°より緩く，扇頂溝や天井川を伴う点で異なっている。また，崖錐は崖の直下や小規模な谷口部で落石によって形成される地形のため，沖積錐よりも勾配が大きいことが多い。

4. 土石流を読み解くツール

　土石流の過去履歴を追跡し，次に土石流災害が発生する可能性が高い地形場を探すためには，年代別の旧版地形図や空中写真を使った資料の対比が有力なツールとなる。

　図-9に広島市安佐南区緑井8丁目の土石流被害を受けた沖積錐の例として，2.5万分の1地形図の旧版(1967年)と最新版(地理院地図)を対比した。また，図-10に同じ場所の1968年撮影の空中写真[6]を実体視できるように配置した。図中の破線は判読による沖積錐の範囲を示したものである。前出図-2の写真と見比べて，沖積錐上の凹凸や，地形改変の程度を確認してみよう。

参考資料

1) 平成26年8月20日豪雨災害復興まちづくりビジョン，5.地域別の方向性(1) http://www.city.hiroshima.lg.jp/www/contents/1431478875132/index.html
2) 小松和彦編(2015)「怪異・妖怪文化の伝統と創造―ウチとソトの視点から」，国際日本文化研究センター，p247-267
3) ひろしま昔探検ネット，公益財団法人広島市文化財団文化科学部
4) 鈴木隆介(1997〜2004)：「建設技術者のための地形図読図入門」，全4巻，古今書院。
5) (国研)防災科学研究所HP：自然災害教室(防災基礎講座) http://dil.bosai.go.jp/workshop/
6) 国土地理院「地図，空中写真閲覧サービス」 https://mapps.gsi.go.jp/maplibSearch.do
7) 時系列地形図閲覧サイト「今昔マップ on the web」 http://ktgis.net/kjmapw/
8) 国土地理院「地理院地図」https://maps.gsi.go.jp/

土石流がつくる地形を読み解く（2）

株式会社 荒谷建設コンサルタント　加藤 弘徳　　国際航業株式会社　小野山 裕治　　明治コンサルタント株式会社　関場 清隆

1. 地形を読み解く準備

本号と次号では土石流がつくる地形を実際に読み解こう。今回対象とするのは，平成26年8月20日未明に未曾有の土砂災害が住宅地を襲った広島市安佐南区緑井，八木地区である。筆者らが被災当時に行った現地調査の結果を交えながら，判読の手法を確認していきたい。判読資料として新旧の地形図（図-1, 2, 4），実体視用空中写真（図-3），災害発生後に計測された1mメッシュの航空レーザー計測成果による数値地形モデルの立体可視化図（図-5）を準備した。

2. 土石流に関わる地形を読み解く

2.1. 全体の特徴を把握する

図-1は最新の2.5万分の1地形図「祇園」「中深川」の一部を抜粋し加筆したものである。図の右下（南東端）を一級河川太田川が南西方向に流下している。太田川と山麓との間には国道や鉄道が走る河成堆積低地が広がり，そこには太田川の派川の名残である古川が流れている。

図-1の上半部に広がる山地の南東側斜面が平成26年の広島土砂災害（以下，H26災害と記す）の舞台となった。その山麓には谷の出口を頂点にもつ緩斜面が連続的に発達している。

2.2. 具体的に判読する

図-1に示される鳥越峠付近に発する谷（地元名：鳥越川）を対象に，具体的に判読してみよう（図-3）。谷口を拡大した実体視用空中写真および斜め空中写真を前号に掲載しており，あわせて参照されたい。本稿では説明のため，図-4のとおり地点A～Gおよび区間1～5を設定した。

図-1　最新の対象地地形図
出典：地理院地図[1]に加筆

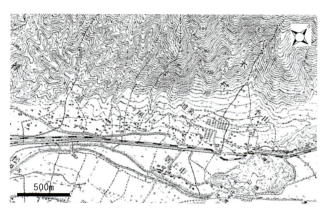

図-2　旧版地形図（大正14年測図，昭和3年発行）
出典：2.5万分の1「祇園」「深川」（今昔マップon the Web[2]より）に加筆

なおH26災害時には，鳥越峠を源頭とする主谷では土石流が発生せず，南東側の支谷にて下流まで到達する土石流が発生したことから，この支谷を区間1として設定した。

（1）区間1

源頭（標高約340m）から地点B（同150m）にかけての区間である。地形図では谷底の等高線が山向きに凸の形状をなしている。地点A付近の平均的な渓床勾配は22°程度である。周囲の地図記号は針葉樹林であり，ここは針葉樹の生育する山地斜面を谷がまさに下刻している箇所，つまり土石流が発生し流下する領域と見ることができる。

（2）区間2

地点Bから地点D（標高60m）にかけての区間である。地点C付近の平均的な渓床勾配は約12°で，区間1に比べ勾配が小さい。地形図では谷底の等高線が直線をなし，立体可視化図では狭長な低地が示されている。この低地には部分的に溝状の流路が現れており，洗掘を受けやすい未固結土砂の堆積がうかがえる。

図-3　鳥越川周辺の空中写真（他の図と方位が異なることに注意）
出典：1975年国土地理院撮影（CCG749-C2B-20, 21）[3]に加筆

地図記号は荒地であり，樹木が長年にわたり生育できない環境であると想定される。これらから，この区間は土石流の直撃を定期的に受け，その堆積が生じている場所と判断される。

図-4　鳥越川周辺の判読地形図
出典：地理院地図[1]に加筆

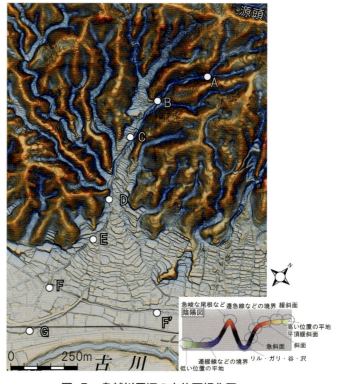

図-5　鳥越川周辺の立体可視化図
出典：朝日航洋株式会社計測・作図資料[4]より抜粋

(3) 区間3および区間4

谷の出口にあたる地点Dより下方では谷幅が大きく広がり，同心円状の等高線で特徴づけられる緩斜面が発達している。その勾配は約6°である。緩斜面上には人工的に整備された水路を除き恒常的な水流は存在していない。このような特徴から，ここは沖積錐と判読される。

新旧の地形図を比較しても区間3と区間4の間に明瞭な地形的差異は読み取れないが，1928（昭和3）年発行の旧版地形図（図-2）では区間3の範囲に人家がほとんど無いことがわかる。現在よりも人口が少なかった時代に，わざわざ標高の高い場所に住む必要はなかったのかもしれないが，土石流の被害を受けやすい場所を人々が避けていたとも考えられる。また立体可視化図によれば，区間3では土石流堆と見られる狭長な高まりが明瞭に確認されるのに対し，区間4では起伏がややのっぺりとした印象を受ける。区間3は土石流の発生ごとにその直撃を受け，地形の変化を頻繁に繰り返している領域であるのに対し，区間4は土石流本体の到達はまれで，地形の変化を伴う大イベントが少ないことが示唆されているのだろうか。なお立体可視化図では地点Dより地点F'付近に至る狭長な高まりがわずかに認められ，これは古い土石流堆の可能性がある。

地点FからF'付近には人工水路である八木用水が流れている（図-4）。地形図ではその流路が断片的にしか描かれていないが，インターネットの航空写真等を閲覧するとその位置は明白である。この付近の八木用水は沖積錐の末端部とその下方に広がる河成堆積低地の境界に沿って，その低地側をトレースして流れている。つまり八木用水の位置が沖積錐の末端に相当する。人工水路が地形境界や傾斜変換線を抽出する指標になり得ることを覚えておきたい。

（4）区間5

地点F，Gはともに標高約11mで，両地点の間に勾配はない。水田と人家が広がり，太田川流域に発達した河成堆積低地と判断される。

2.3. 判読結果の確認

以上の判読結果を，低地の地形分類図として広域に整備されている「治水地形分類図」（図-6）や，現地情報ならびにH26災害発生時の状況を交えて確認しよう。土石流は斜面や河谷・渓流の勾配によって「発生」，「流下」，「堆積（定着）」のプロセスに分けられることを前号で述べたが，各区間の土石流プロセスについても触れてみたい。

区間1：治水地形分類図では山地に区分されており，まぎれもなく土石流の発生域～流下域である。H26災害時には，この区間の源頭付近から土石流が流れ下った。現地では水流部を中心として硬質な岩盤が断続的に露出している状況が見られる。このような岩盤の露出は土石流発生以前より生じていた部分もあろうが，多くは土石流による堆積物の削剥を受けて生じたもので，土石流が流下しながら成長していることを示している。判読のポイントは，土石流が停止できない概ね10°以上（前号参照）の渓床勾配が連続すること，土石流の堆積による低地が認められないことである。

区間2：治水地形分類図では山麓堆積地形として分類されており，判読結果と一致する。現地では，谷を埋める堆積物として直径数mを超える巨礫や砂等が確認される。ここでは樹齢の進んだ樹木は生育していないうえ，H26災害の土石流によりなぎ倒された樹木も見られる。ここは土石流の直撃を受ける場であり，流下域と定着域が漸移する部分と言えよう。判読のポイントは，上流側に比べて渓床勾配が緩やかになり，堆積物の定着により谷底に一定範囲の低地が出現することである。

区間3：治水地形分類図では扇状地（沖積錐と同義と解釈される）に区分され，判読結果と一致する。またここは近年の宅地化の進行により，同図では切土地としても示されている。実際にH26災害では土石流により径1mを超える巨礫が到達し，家屋に甚大な損壊が生じた（写真-1）。

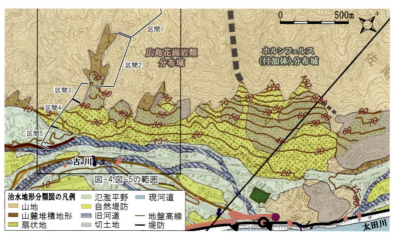

図-6　治水地形分類図「祇園」「中深川」の一部
出典：地理院地図[1]に斉藤眞ほか（2015）[6]による地質境界線（太破線）を加筆

いまさら聞けない 地形判読 ⑦

写真-1　土石流により破壊された家屋
平成26年9月下旬に区間3にて筆者（加藤）撮影

写真-2　石積に土砂流の流下痕跡が残る（矢印部）
平成26年9月下旬に区間4にて筆者（加藤）撮影

区間4：治水地形分類図では扇状地（沖積錐）に区分されている。H26災害当時，この付近には砂や泥を多く含む土砂流が到達し，重量の軽い自動車や小屋は押し流された。土石の直撃を受け著しく損壊した家屋は少なかったが，多くの家屋は床上まで土砂にまみれた（写真-2）。まさに判読結果のとおりである。土石流のプロセス区分では，区間3と併せてここまでが定着域に相当する。

区間5：治水地形分類図では旧河道や氾濫平野といった低平地に区分されている。H26災害時には土石流の発生に伴って古川付近まで洪水流が達し，この付近の家屋では泥水の浸水が発生した。山地からの流水を受け止める最前線となるべき八木用水が土砂で埋没し，機能不全に陥ったこともその原因の一つで，土石流に起因する被害が沖積錐の範囲にとどまらないことを示す例となった。

現在よりも治水技術が未熟であった時代，区間5のあたりの低地は太田川からの洪水を受ける場であった。当地が水はけの悪い低平地であることとも相まって，旧版地形図（図-2）では家屋がまばらで，現在も人家が少ない。沖積錐の末端の微高地は，土石流・洪水双方からの致命的な影響を受けにくい場所として，かつての人々が最低限の居住ができる場所であったともいえる。古い時代の家屋分布などが，地形判読の判断材料となる一例である。

2.4. その他の情報

ここからは図-1の全範囲に視点を広げながら，土石流地形の判読に活用できるポイントを確認しよう。

（1）沖積錐の勾配から地質の変化を読み取る

図-1の地点Hは沖積錐の中腹にあたる。ここでの斜面勾配は12～15°で[5]，鳥越川沖積錐の地点E付近の斜面と比べて勾配が大きい。地点E，Hともに現在は宅地化されており，現地の道路を歩き比べると勾配の違いに愕然とする。地点E付近では会話をしながら道を上ることができるが，地点Hでは息切れがするほどの道路勾配である。

この違いは単なる偶然ではなく，地質の違いに由来する。山地を形成する基盤岩の地質を確認すると（図-6），地点Eの上流は広島花崗岩類の分布域，地点Hの上流はホルンフェルス化した付加体の分布域である[6]。地質の違いは土石流堆積物の性質に変化を与えており，前者はマサ起源の砂・シルト・粘土を大量に含む土石流，後者は比較的径の揃った礫を主体とする土石流であった[5]。このような土石流発生源の地質の違いが沖積錐の形態に影響を及ぼしており，現地調査にあたっての参考情報となる。

（2）地表物の変化から地形を読み取る

図-1の地点Gから地点Iにかけて，標高約11mの河成堆積低地上を鉄道と県道が寄り添って直線的に延びている。それに続く地点Iと地点Jの間では，県道は引き続き直線的に延びるのに対して，鉄道は東寄りに回り込む線形が取られている。両地点の間には沖積錐の末端部となる標高20mの高まりがある。鉄道は自動車に比べて勾配に弱いため，沖積錐の高まりを避けるべく鉄道が迂回したことが考えられる。

地形判読に用いる地形図は地形改変を受ける以前の旧版のものの方が有利な場合が多いが，最新の地形図からでも，鉄道，道路などの地表物から情報が得られることがある。それぞれの利点を理解し，有効活用したい。

参考資料

1）国土地理院「地理院地図」https://maps.gsi.go.jp/
2）時系列地形図閲覧サイト「今昔マップon the web」http://ktgis.net/kjmapw/
3）国土地理院「地図・空中写真閲覧サービス」http://mapps.gsi.go.jp/maplibSearch.do#1
4）朝日航洋株式会社（2015）：航空レーザ計測による立体表現図［陰陽図］（安佐南区緑井・八木地区），日本応用地質学会平成26年広島大規模土砂災害調査団報告会展示資料
5）日本応用地質学会編（2015）：平成26年広島大規模土砂災害調査団報告書 土地の成り立ちを知り土砂災害から身を守る，88p.
6）斉藤眞・川畑大作・佐藤大介・土志田正二・新井場公徳（2015）：2014年8月20日広島豪雨による土石流発生地域の地質，地質学雑誌，Vol.121, No.4, 339-346.

土石流がつくる地形を読み解く（3）

明治コンサルタント株式会社　関場　清隆　　国際航業株式会社　小野山　裕治　　株式会社 荒谷建設コンサルタント　加藤　弘徳

1.「沖積錐」地形を読み解く

　第⑥回の「土石流（1）」では，土石流によって形成された地形についての概要を，第⑦回の「土石流（2）」では広島地区を例に挙げて土石流地形の読み方を説明した。

　土石流によって形成された地形には，「土石流谷」「土石流堆」「沖積錐」などがあるが，このうち人々の生活に最も関係が深く，防災上の観点から重要な地形は「沖積錐」であろう。沖積錐は，土石流堆積物が主に谷口に堆積してできた扇状の緩傾斜地（3〜5°）であり，一般の人が手に入れられるツール（2.5万分の1地形図など）でも判読可能な地形である。

　今回は「沖積錐」の判読に関し，やや特殊かもしれないが着目点や留意点を掘り下げてみたい。

2. 沖積錐の判読例

　本項では，読み解くツールで意外なものの方が役に立つ例を1つと，沖積錐が堆積する地形条件についての留意点を1つ挙げる。

2.1. 旧版地形図を使った地形判読

　第⑥回の「土石流（1）」で述べたように，土石流地形を読み解くツールとしては，地形図と空中写真が2大双璧である。ここでは旧版地形図が役に立った例を挙げる。

　都市の背後の沖積錐は，都市に近くかつ比較的なだらかな地形なので，宅地開発されることが多い。そういった箇所では，建物の林立や人工的な地形改変により，地形が分かりにくくなっていることがある。その場合，地形図や空中写真に加え，旧版地形図も併用するとよい。

　昔の人は長年の経験から「ここは危険，ここは安全」と判断して住む場所を決めてきた。旧版地形図には土地利用や地名としてそれが表されていることがある。なお，空中写真は一般的には第二次世界大戦直後に米軍が撮影したものが最初であるが，5万分の1旧版地形図は1890年〜1920年代に整備されており，こちらの方がより古い情報が得られる。

　以下に例を示す。

　右ページの最新地形図（図-1）[1]，空中写真（図-2）[2]，5m DEMデータから作成したカラーゼブラ図（図-3）[3]をご覧いただきたい。「岡本駅」の北側には，南流する河川（八幡谷）の谷口に，「①同心円的な等高線で示される扇状の緩斜面が存在しており，②その平均傾斜が約4°であり，③土石流堆の可能性のある傾斜方向に延びる微高地がある（図-3参照）」ので，沖積錐と判断されるのだが，これらの図では分かりづらい。現地（図-4）でも緩い傾斜地であることは分かるが，建物が林立しているため扇状の地形であることはほとんど分からない。

　一方，旧版地形図（図-5）[4]を見てほしい。山麓に沿って山にへばりつくように集落が延びているが，現在の岡本駅（図-5内に図示）付近を中心とした東西約500mの区間のみ，山にへばりつく集落がない。これは，土砂災害（土石流など）が頻発するために，昔の人が危険と判断して住まなかった土地ではないだろうか。

　地形も，旧版地形図（図-5）では谷口から広がる明瞭

いまさら聞けない地形判読 ⑧

な扇状の地形が浮かび上がる。(ただし, 当時の測量の精度上, このようにきれいな扇状だったかについては不安は残るが)。

なお, この扇状の緩傾斜地は, 土石流によって形成さ

図-1　対象地の地形図(最新版)
出典：地理院地図[1]に加筆

図-2　対象地の空中写真
出典：1948年米軍撮影(R472-74, 75)[2]

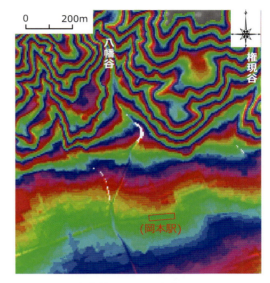

図-3　対象地のカラーゼブラ図
出典：基盤地図情報5mメッシュDEM[3]から作成

図-4　岡本付近の現地状況
出典：扇頂の斜め上から筆者(関場)撮影

図-5　対象地の旧版地形図
出典：明治43年2万分の1正式図「御影」[4]に加筆

れた沖積錐ではなく、洪水流によって形成された扇状地（超小型扇状地）の可能性もあるが、両者は漸移的であり厳密な区別は難しい。いずれにしても、何らかの土砂や土石の移動・堆積により形成された地形である。

実際、1938（昭和13）年7月の「阪神大水害」では、この八幡谷流域でも被害が発生している（図-6）[5]。もっとも、当時の写真や資料（例；図-6）によると、西隣の住吉川流域では甚大な土石流被害があったが、八幡谷流域では土石流被害は沖積錐の一部の狭い範囲にとどまり、大半は洪水流による被害であったと判断される。

注）本項に述べた内容は、おおむね地形図および空中写真から判断したものである。また、具体的な場所について不安をあおるのが目的ではなく、砂防・治山事業により現在は安全性が向上していることを申し添えたい。

図-6　阪神大水害（1938/7/5）の水害状況図
出典：国立国会図書館デジタルコレクションHP[5]

2.2. 土石流による沖積錐が残存しない地形条件の例

一般的には、土石流が発生しそれが堆積すると沖積錐ができる。しかし逆に、沖積錐がないから土石流が発生していない、とは限らない。沖積錐ができるためには、土石流が堆積する地形条件が必要である。

支流で発生した土石流が本流に流入すると、その構成物質は本流内に堆積する。しかし、本流の掃流力が大きい場合には、沖積錐は容易に侵食されてしまうため、一般的に短命である。

以下に例を示す。

右ページの図-7（地形図）[1]、図-8（空中写真）[2]に示した渓流①〜③は、同様な規模の流域を持っている。しかし、渓流①、②は、谷口付近から見事な扇状の緩傾斜地（沖積錐）を作っているのに対し、渓流③ではそれがほとんど見られない。

これらの渓流の勾配は20〜25°程度で、土石流が発生してもおかしくはない。特に、渓流①では空中写真に表層崩壊対策としての植栽工施工跡が写っている。渓流③では堰堤が連続している。よって、土石流などが発生する不安定な渓流であることはほぼ確実である。

これらの渓流の違いは谷口の地形にある。すなわち、渓流③は蛇行する本流の攻撃部にあたっており、河流による侵食を受けやすいのに対し、渓流①、②は攻撃部の対岸にある。渓流③でも、土石流の堆積物は渓流①、②と同様に供給されているが、すぐに削剥されてしまうものと推定される。堆積物がないから土石流が発生しない渓流である、と判断するのは危険である。

現地の実際の写真を図-9、10に示す。図-9は沖積錐が発達している渓流の出口（図-7の渓流②）である。小規模ながら見事な沖積錐が発達している。田圃と集落の境界付近が沖積錐の末端である。それに対して、図-10は沖積錐がほとんど存在しない渓流の出口（渓流③）である。本流は図-10の左から右へ流れているが、渓流③の出口付近は蛇行の攻撃部となり、激しく侵食されて岩盤が露出している。岩盤すら露出する場所で土石流堆積物のような不安定で締まりの悪い堆積物が維持できるわけはなく、この位置では土石流堆積物からなる沖積錐はほとんど存在しない。

3. さいごに

第⑥〜⑧回の「土石流がつくる地形を読み解く」特集では、広島の土石流災害を念頭に置き、沖積錐に注目した判読事例を紹介した。

湿潤変動帯に位置する日本では、これからもいろいろな自然災害が発生するだろう。それを回避ないし軽減するための有力かつ簡便なツールとして、地形判読技術は役に立つ。この技術が人々の生活に生かせるよう、技術

いまさら聞けない **地形判読 ⑧**

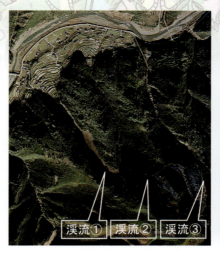

図-7 対象地の地形図(最新版)
出典：地理院地図[1]に加筆

図-8 対象地の空中写真
出典：1975年国土地理院撮影(CKK-74-9 C30-37, 38)[2]

図-9 沖積錐が発達している渓流(渓流②の出口)
出典：筆者(関場)撮影

図-10 沖積錐がほとんど存在しない渓流(渓流③の出口)
出典：筆者(関場)撮影

者の育成と、判読結果や技術の普及が、これからも重要になると思う。

参考資料

1) 国土地理院「地理院地図」http://maps.gsj.jp
2) 国土地理院「地図・空中写真閲覧サービス」
   http://mapps.gsi.go.jp/maplibSearch.do#1
3) 国土地理院「基盤地図情報」http://www.gsi.go.gp/kiban/
4) Googleマップを使って過去の地形図や空中写真を見る http://user.numazu-ct.ac.jp/~tsato/webmap/map/lmap.html?data=history
5) 甲南高等学校(1938)：「昭和13年7月5日の阪神水害記念帳」(国立国会図書館デジタルコレクション http://dl.ndl.go.jp/info:ndljp/pid/1876548/50)

地すべりがつくる地形を読み解く（1）

明治コンサルタント株式会社　関場　清隆　　国際航業株式会社　小野山　裕治　　株式会社　荒谷建設コンサルタント　加藤　弘徳

1. 地すべり地形を読み解く前に
　—違和感のある斜面地形を探してみよう—

　陸上の斜面は，一般的に，斜面を構成する物質にいろいろな力が加わって，斜面物質が上方から下方へ移動させられ，変化し続けている。この移動させる力は，日本のような湿潤地域では，①河川水によるもの，②集団移動によるもの，が主体である。

　このうち，河川水，あるいはそれにプラスして小規模な表層崩壊や落石等のみが作用している斜面では，おおむね規則的に谷と尾根が配列しており，等高線間隔もほぼ一定か，変化するとしても不規則には変化しない。これは，日本で「山地」とか「丘陵」とか言われて普通に頭に描くような景色，いわば"普通の斜面"である。

　一方，そういった地形ではない斜面も多い。図-1, 2を見てほしい。これらの図中の斜面の大部分は，前段で言ういわば"普通の斜面"である。ただし，赤線で囲った範囲の斜面は，何か違和感を受けないだろうか。

　さて，例1と例2とで読者の皆様が感じた違和感は，「谷と尾根の配列が不規則」「勾配も不規則に変化する」といったものではなかっただろうか。これをまとめると表-1に示すようなものになろう。

　まずは，こういった違和感のある斜面地形を探してみよう。それが地すべり地形なのか，段丘地形なのか，差別削剥地形なのか，断層地形なのか，etc，etc……，

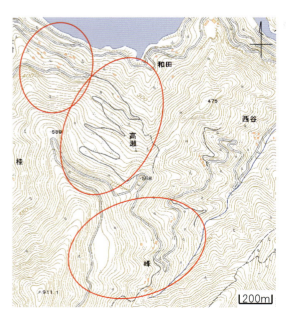

図-1　違和感のある斜面地形の例1
出典：地理院地図[1]に加筆

図-2　違和感のある斜面地形の例2
出典：地理院地図[1]に加筆

表-1 例1, 2に示した特異な斜面地形の特徴

項目		特徴	例1	例2
全体的特徴	a	等高線の屈曲が少なく，のっぺりとした感じを受ける（尾根と谷が少ない）	○	○
	b	稜線から谷へ下りてしばらく行くといつの間にか尾根となる	○	-
勾配変化	c	斜面の上部に急な斜面がある	-	○
	d	斜面上部～中腹では周辺より緩やかだが，下半部では周辺より急勾配となる	○	○
凸地・凹地	e	斜面中腹～下部に小規模で低いピークがある	○	○
	f	斜面傾斜方向に斜交ないし直交する谷がある	○	-
土地利用	g	周辺斜面は主に森林だが，赤線内は畑（例2では主に茶畑）や集落となる	-	○

の判別は，次の段階の仕事である。

2. 地すべりとは？

「斜面を構成する物質が斜面下方へ塊の状態で運動する」現象を集団移動という。日本ではこのうち，規模が大きく速度が遅い現象に対して「地すべり」の語が用いられてきたので，本稿でもこれに準ずる。

集団移動地形には様々な形態があり，多くの分類方法が提唱されてきた。日本で一般的に生じている現象を図-3に示す。これらの語には多少の混乱が見られるが，詳細や経緯については『地すべり 地形地質的認識と用語（2004, 社団法人 日本地すべり学会）』にまとめられている。

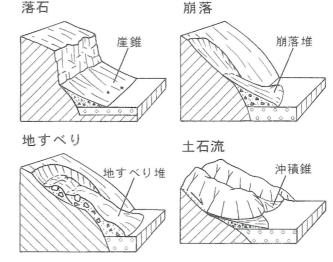

図-3 集団移動地形のいろいろな形態
出典：鈴木隆介(2000)[2]

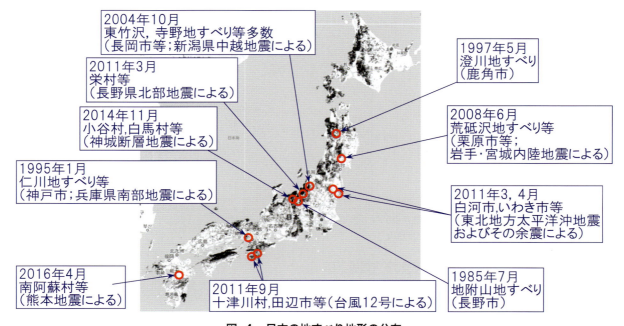

図-4 日本の地すべり地形の分布
出典：防災科研HP[3]上で地すべり地形データを表示した画像を加工

3. 地すべり災害

地すべりはいろいろな益をもたらす。たとえば山間地の豊かな文化や食生活は，地すべりが緩傾斜面と豊かな土壌を作ってくれていることが一因となっている。一方，地すべりは数々の災害をもたらしてきたことも事実である。図-4に，近年発生した比較的大規模な，ないし被害の大きかった地すべり災害の例を示す。

4. 地すべり地形の特徴

図-5は，日本で発生する典型的な地すべりについて，地すべり特有の地形を説明した図である。

前出の例1，2（図-1，2）を思い出してほしい。一般的な山地では，おおむね規則的に尾根と谷があり，斜面標高は稜線から一方的に低下している。それに対して赤で囲った範囲では，尾根と谷の分布が不規則となり，斜面は稜線から一方的には低下しないことが多い。また，赤線の範囲の左右に隣接する不動域よりも，斜面上部では標高が低く下部では高い。

第1章で取り上げた「違和感のある斜面地形」の留意点を踏まえ，地すべり地形の特徴を述べる。図-5のa，b，……は，前ページの表-1に示した記号である。ぜひ，図-1，2，表-1と，図-5とを照合させながら見てもらいたい。

また，地すべり地内は周囲の山地より水持ちがいいことが多い。それを反映して，地すべり地内はしばしば田圃として利用されている。ただし最近は休耕田や放棄田となり荒地記号で表されていることも多い。

周辺山地より勾配が緩いことから，山の中にありながら集落や畑地となっていることもしばしば見られる。例2の「g. 周辺斜面は主に森林だが，赤線内は畑（例2では主に茶畑）や集落となる」のは，その例である。

こういった地形種をもとに判別した例を，参考までに示す。図-6，7は，例1，2（図-1，2）での，大まかな地すべり地形判別図である。ただしこれは唯一の正答というものではなく，判別の例であり，縮尺や使用目的，判別する人によっても異なってくる。

最後に，1点だけ指摘しておきたい。それは，地形図や空中写真と現地との照合である。

地すべり地形に限らないが，読者の皆様には，ぜひ地

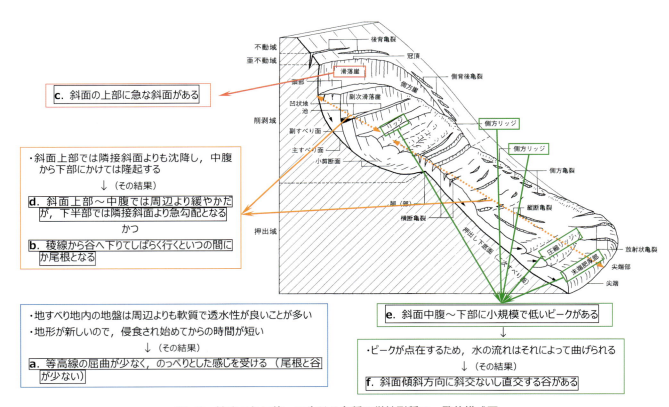

図-5　地すべりに伴って生じる各種の微地形種の一覧的模式図
出典：日本地形学連合（2017）「地形の辞典」[4]に加筆
注意：個々の地すべりで全ての微地形種が揃って生じるわけではない。

いまさら聞けない 地形判読 ⑨

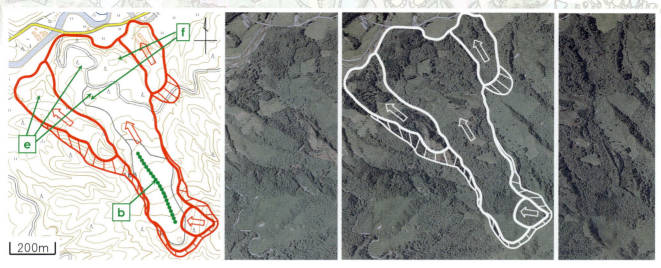

図-6　地すべり地形判読図の例1（図-1の赤線の範囲内と同じ箇所）
b, e, fは表-1および図-5の同記号が意味する箇所である。なお、a, dは図の全体を指すので記号は省略した。
出典：地理院地図[1]に加筆。1975年国土地理院撮影（CCB759-C16-16,17,18）[6]

図-7　地すべり地形判読図の例2（図-2の中央の赤線の範囲内と同じ箇所）
c, gは表-1および図-5の同記号が意味する箇所である。なお、a, dは図の全体を指すので記号は省略した。
出典：地理院地図[1]に加筆。1975年国土地理院撮影（CSI756-C13A-1,2）[6]

形図や空中写真と、実物の地形とを照合することを心がけてほしい。現地では、現実の地表の起伏、水系、道路、土地利用、植生、草いきれや森の中のにおい、渓流を流れる水の味、森や草原をわたる風の音、等々、五感全てを使って感じ取ってほしい。

そして、楽しみながら地形を見ることをお勧めする。業務上だけではなく、たとえば、旅行に行った時にスマホ等で用いる地図アプリの代わりに2.5万分の1地形図を表示させて見るだけでも、地形を楽しむことができる。できれば、GPSに頼らず現在地照合から始めてみることで、前段で述べたような「五感全てを使って見る力」は格段にアップするだろう。

参考資料

1) 国土地理院「地理院地図」 http://maps.gsj.jp
2) 鈴木隆介（2000）：「建設技術者のための地形図読図入門　第3巻」、古今書院
3) 防災科学技術研究所 J-SHIS地震ハザードステーション「J-SHIS Map」 http://www.j-shis.bosai.go.jp/map/
4) 日本地形学連合（2017）：「地形の辞典」、朝倉出版
5) 日本地すべり学会新潟支部（1988）：第16回現地検討会「中束地すべり」資料
6) 国土地理院「地図・空中写真閲覧サービス」 http://mapps.gsi.go.jp/maplibSearch.do#1

地すべりがつくる地形を読み解く（2）

国際航業株式会社　小野山　裕治　　株式会社 荒谷建設コンサルタント　加藤　弘徳　　明治コンサルタント株式会社　関場　清隆

1. 地すべり地形を読み解く準備

1.1. 地すべり地形の読み解きで大切なこと

地すべり地形は、大雨や地震をきっかけに、斜面の弱い部分が緩んでしまい、自重ですべって周辺の地形よりも部分的に低くなったり、勾配が緩くなったりして出来た地形である。このように地すべり地形を読み解くときに重要な事は、①地すべりが起きやすい場所、②地すべりの輪郭の読み解き方、③地すべりの表現方法を知っておくことが大切である。

1.2. 地すべりの発生と地質

地すべり地形を読み解くときに、地すべりが起きやすい場所かどうかを知っておく事は重要である。地すべりの起きやすさは、地形・地質・地下水等に左右されることが多く、日本シームレス地質図[1)]に、防災科学技術研究所の「地すべり地形分布図」[2)]を重ねると、地すべりが特定の地質に集中する事がわかる（図-1）。

1.3. 地すべりのかたち（輪郭）を知る

地すべりが起きると、すべった土塊（地すべり移動体）は、周りの地形よりもずり落ちて傾斜も緩くなり、下部では土砂が押し出されてこんもりとした緩やかな地形となる。このように、地すべり地形の判読では、地すべり移動体が斜面をすべりながら移動して形作る「地形の輪郭」を読み解いていくことが重要である。

1.4. 地すべり地形の記載表現

読図・判読した地すべり地形をどのように記載すればよいか悩むことも多いだろう。また、地すべり地形は侵食や不安定箇所の崩壊によって開析が進み、その輪郭や形状が不明瞭となる事も多い。例えば、地すべり地形分布図[2)]では、開析・侵食による地すべり地形の明瞭さ、信頼性の程度を実線や破線等の凡例で記載・表現している（表-1）。

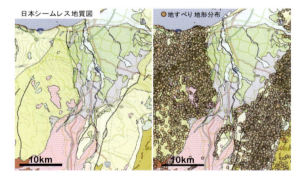

図-1　シームレス地質図（左）および地すべり地形分布図（右）
出典：（左）地質図Navi[1)]，（右）防災科研地すべり地形分布図データ[2)]

表-1　地すべり地形分布図の判読凡例

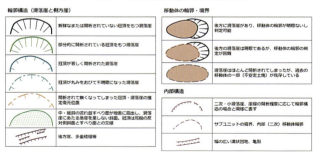

出典：防災科研「J-SHIS Map」[5)]

2. 地形図ではどこに着目するか？

2.1. 地形図による地すべり読図の特徴

国土地理院の2.5万分の1地形図は，空中写真と異なり，地形が正確にモデル化されており，地表の等高線間隔やその形状変化から，読図した地すべり地形の位置を正確に記録できる点が重要である。空中写真の判読結果は，地形図に「移写」することで正確な位置を記載できる。また，国土地理院の地形図には，地図記号で表現された植生，水田・畑地等の土地利用に関する情報，地すべり特有の地形に関係する地名など，空中写真で得られない，地すべり地形を読み解く上で有益な情報を得ることができる。

2.2. 等高線の変化の輪郭に着目する

地すべり地形の読図では，周辺地形とは異なる特異な等高線の変化に着目することが重要である。図-2のように，滑落崖は等高線が密でかつ斜面上方に凸となる。地すべり移動体は，等高線が疎（下端は密）でかつ斜面下方に凸となる。地すべり地形の読図では，こういった等高線の変化に着目することにより，周辺地形と地すべり地形の輪郭を読み解くことができる。

2.3. 地形図による地すべり地形読図の手順

地形図での地すべり地形読図は，①判読対象範囲の周辺で，等高線の大まかな変化を把握して安定斜面の目安をつかみ，②馬蹄形や円弧状で等高線密度の大きい崖の輪郭を抽出し，③崖の内側で等高線間隔が大きく下方にハラミ出した形状の地すべり移動体の輪郭を抽出する手順を踏むとよい[3]。右の図-3は次章の空中写真と同じ範囲の地形図である。等高線による地形変化を分かり易くするため，A-F間の断面図を追記した。B～Eは対比の目安として50mごとの計曲線の位置を示している。ここで，A～C間は緩やかな地すべり移動体，C～D間は傾斜の大きな滑落崖に相当する断面変化を読みとることができる。このような等高線間隔や傾斜の変化を輪郭抽出の目安として，図-3を読図して地すべり地形を三つ抽出してみよう。

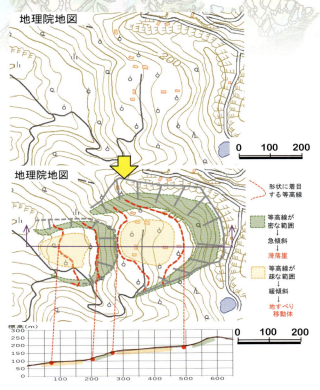

図-2　地すべり地の等高線形状の変化と着目点の例
出典：地理院地図[6]に加筆

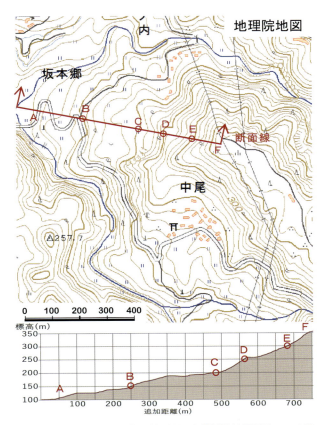

図-3　地すべり地形を含む地形図の例[判読結果は次ページ]
出典：地理院地図[6]に加筆，断面図は地図より読み取り

3. 空中写真での着目点はどこか？

3.1. 空中写真による地すべり判読の特徴

　地表面を模式的に表現する地形図と異なり、空中写真には植生や地表の土壌・岩盤などのリアルな状況がそのときのまま記録されている。二枚の空中写真を実体視すると、高さが強調された地形が立体的に見えるため、地形図よりも地すべり地形の高低差や輪郭をより明瞭に判読できる。また、二時期の写真を比較することで、滑落崖や地すべり移動体の侵食・風化の状況を判読することもできる。樹木被覆がある場合は、地表面が見えず地すべりの輪郭や微地形の判読ができないこともある。撮影した空中写真上での判読結果を地形図上に移写する場合は、幾何学的な補正が必要となる。

3.2. 空中写真による地すべり地形の判読手順

　前出図-3と同じ範囲である図-4の空中写真を使って、次の①～⑥の手順で地すべり地形判読に挑戦しよう。

　①馬蹄形や円弧状の滑落崖と、なだらかな地すべり移動体からなる地すべり範囲をおおまかに判読、②地すべり発生から移動体の停止までの地形変化を読み取り、③滑落崖の肩部(冠頂)などの侵食の程度を判読し、前出表-1のように実線(明瞭)ないし破線(不明瞭)で輪郭を抽出(無い場合もある)、④滑落崖に囲まれる傾斜の緩い移動体の輪郭とその侵食の程度を判読し、実線(明瞭)ないし破線(不明瞭)で輪郭を抽出、⑤移動体が複数のブロックに分かれていれば、ブロック冠頂の重なり具合から前後関係を推定し輪郭を抽出、⑥冠頂と移動体の間の滑落崖が明瞭であれば滑落方向にケバを入れる[4]。

　図-4から、南側に明瞭な滑落崖をもつ地すべりA、北西側には開析の進んだ地すべり移動体が分布する地すべりB、その東側にやや小規模で北西に開く馬蹄形の滑落崖をもつ地すべりCが判読される(図-5, 6参照)。

3.3. 空中写真による判読での留意点

　植生が少ない地すべり移動体上であれば、凹凸やリッジ、亀裂等の微地形の判読は可能だが、滑落崖背後に延びる凹地状の亀裂や二重山稜などの微地形は樹木等に被覆されて判読が難しいことが多い。このような場合は、判読対象地を通る別コースの空中写真についても判読を行うと、撮影角度の違いにより樹木のすき間から地表の微地形が見えることもあるので、複数の空中写真を比較しながら判読することが重要である。また、微地形は空中写真から地形図への移写の際の位置誤差の影響が大きくなるため、空中写真上に記載した微地形を写真ごとにスキャンし、GIS上で幾何補正して地図上に正しく記載する手法も使われることがある。

4. 自分の判読を確認してみる。

　自分で読み解いた地すべり地形を他の人がどのように判読しているか、Web上で参考文献2)の「地すべり地形分布図」を見てみよう(図-5)。この地すべり地形分布図は、ほぼ全国を網羅した5万分の1地形図幅を基図として、統一した判読基準・凡例で地すべり地形を判読・抽出している。自分の判読とプロの判読を比較することで得られるものは多く、判読スキルのさらなる向上につながると思う。

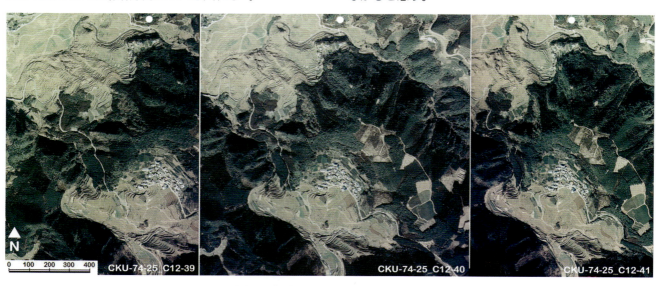

図-4　地すべり判読実習用空中写真
出典：1975年国土地理院撮影(CKU-74-25 C12-39, 40, 41)[7]

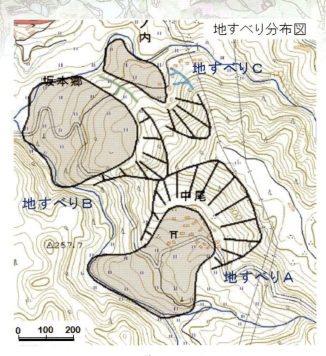

図-5 地すべり地形分布図[2]による判読例
出典：国立研究開発法人 産業技術総合研究所 地質調査総合センター「地質図Navi」(https://gbank.gsj.jp/geonavi/geonavi.php) 地すべり地形分布図データ

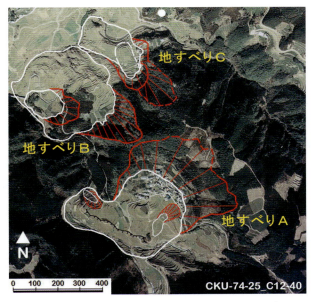

図-6 図-4の地すべり地形判読例（筆者による）[7]

5. そのほかの判読ツール

5.1. 国土地理院基盤地図情報DLサービス

国土地理院の基盤地図情報DLサービスから，5m数値標高モデル（DEM）を入手し，判読範囲の地すべり地

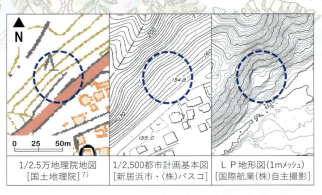

図-7 LP地形図による明瞭な地すべり地形表現の例
1/2,500都市計画基本図　［国際航業(株)自主撮影］
［新居浜市・(株)パスコ］

形を描画してみよう。地すべり地形を広い範囲で抽出する際に非常に有力なツールとなる。なお，本連載②（平成29年2月号）にデータの入手方法等を詳述している。

5.2. カシミール(3D)

山岳登山の愛好家に人気の地図ツールで一部有料だが，上記の5mDEMを読み込むことで，2.5万分の1地形図上の地すべり地形を鳥瞰図や断面図として見ることができ，非常にわかりやすく便利なツールである。

5.3. 航空レーザープロファイラー(LP)地形図

もし判読地域をカバーするLP地形図が入手できれば，地すべり地形の判読では最も有力なツールとなる。1m精度のLP地形図があれば，地すべり周辺の細かな段差や溝状凹地も判読することができる。図-7に通常の航測図化地形図とLP地形図による地すべり地形の表現力の違いを例示する。LP地形図では明瞭な地すべり地形が航測図化地形図では痕跡程度にしか読図できない点に注目してほしい。

参考文献

1) 産総研地質調査総合センターウェブサイト「地質図Navi」
https://gbank.gsj.jp/geonavi/geonavi.
2) 国立研究開発法人 防災科学技術研究所：地すべり地形分布図データベース，2017
3) 鈴木隆介(1997)建設技術者のための読図入門，第3巻，古今書院，p811.
4) 大八木規夫(2007)地すべり地形の判読法，防災科学技術ライブラリーシリーズNo.1，近未来社，p16-19.
5) 国立研究開発法人 防災科学研究所：地震ハザードステーション「J-SHIS Map」http://www.j-shis.bosai.go.jp/map/
6) 国土地理院：「地理院地図」http://maps.gsi.go.jp/
7) 国土地理院：「地図・空中写真閲覧サービス」
https://mapps.gsi.go.jp/maplibSearch.do#1

地すべりがつくる地形を読み解く（3）

株式会社 荒谷建設コンサルタント　加藤 弘徳　　国際航業株式会社　小野山 裕治　　明治コンサルタント株式会社　関場 清隆

1. 地すべり地形判読の応用

　前号までは典型的な地すべり地形について，その特徴や判読時の着目点に関する解説をしてきた。地形判読を経験された方はきっとおわかりだろうが，地すべりに特徴的な地形はあらゆる地すべりに必ず見つかるものではない。また地すべり以外の要因で形成した地形が，地すべりと類似した特徴を持ち合わせたために誤認される場合もある。地形判読の難しさはこのような所にあると思われる。

　本号では地すべり地形判読に関係する特殊な事例を取り上げ，その応用を考えるとともに，難しい地形への対応のしかたの一例を示してみたい。

2. 地すべり判読が難しい理由

　前号までのおさらいになるが，斜面の一部が滑動することにより生じる地すべりは，移動体の上部が沈降し下部が隆起することから，結果として周囲よりも勾配の緩い領域が形成される。また移動体の背後の斜面には，移動体の地盤が抜けた跡として滑落崖が形成される。滑落崖は一般に馬蹄形の急崖として確認されることが多い。馬蹄形の崖と緩斜面は地すべりを特徴付ける地形であると言え，両者のセットを地すべり抽出の最初の手がかりとする技術者は多いと思われる。

　どのような地形でも，常に風化，侵食，地殻変動などの地形営力が作用しており，地形の形成時の状態が永久に保たれることはない。特に地すべりは地盤の変形・破砕を伴う作用であるうえ，周囲よりも地盤が脆弱な場所で発生することが多いことから，地形営力の影響を非常に受けやすい。このため，地すべり地形は時間の経過とともにその特徴が消失しやすく，活動が停止した地すべりや，形成してから時間が経過した地すべりは，滑落崖や移動体の特徴が不明瞭になっている，または完全に消失してしまっている場合が少なくない。滑落崖や緩斜面といった特徴的な地形の抽出を念頭に置いた地すべり地形判読は，有効な手段の一つではあるが，これ ばかりに頼ると見落としに陥る危険性が大きい。

　また，地すべりとは全く別の成因による地形が地すべりに誤認されることが，熟練者の間でもしばしば発生する。氷河地形・周氷河地形や火山地形，差別侵食地形などがその例である[1]。いずれの場合も，周辺より緩やかな斜面が限定的な範囲で出現することが多い（図-1）。また上記の成因によってできた地形が，その後に地すべり化しているものも少なくないことから，話はさらに厄介である。

　地すべり地形の判読・抽出にあたって重要なことは，まず第1にやや広域な視点で地形を眺めて火山，山地，丘陵，段丘，低地等に区分し，検討地区がどのような状況下にあるかを知ることによって類似地形の可能性を考えることである[2]。必要に応じて，公表されている地質図を用いることも効果的である。続いてその場所がどのような地形営力を受けているかを想定し，その影響を受ける前の姿をイメージすることが大切である。

いまさら聞けない **地形判読 ⑪**

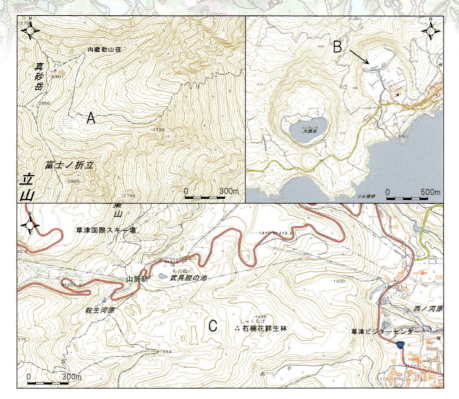

図-1　地すべりと見誤りかねない地形の例
A：氷河地形（カール），B：火山地形（環状丘[2]），C：火山地形（溶岩流原），出典：地理院地図[3]に加筆

3. 紛らわしい地形を読み解く

　図-2は徳島県三好市池田町の中心部付近を示した地形図である。図中のA，Bで囲った範囲には，急峻な山腹斜面の中で部分的に緩斜面が発達している。地形図からは，ここが吉野川の河面から250m以上高所に位置し，主に畑と集落が広がっていることがわかる。急峻な山中において，河床から大きく離れた斜面上に段々畑や棚田を伴う集落が広がる光景は，四国の地すべり地に典型的なものである。

　A，Bの緩斜面の背後には比較的急峻な斜面が存在している。地形図からは，この急峻な斜面が馬蹄形かどうかは判然としないが，例えば馬場東の神社の北にある573mの標高点を流れる谷（a）と，その約300m東を流れる谷（b）は，Aの緩斜面に差し掛かったところで谷が途切れ無くなっていることがわかる。同様の谷線の消失は，この他のAの背後地でも散見される。

　通常，何も発生していない斜面で谷線が不連続になることはなく，そのような場合は地形の異常を考える必要がある。前々号で述べたとおり地すべりの周辺で谷が途切れることはよく見られる現象であり，ここでの場合は地すべり以外に谷線が消失する原因は浮かばない。ここ

で示した緩斜面には地すべりが関係していることはほぼ間違いない。それではA，Bともに地すべりとして良いだろうか。

　一つの解答として，Aの領域が地すべりであることは間違いないが，Bの部分はかつての吉野川が形成した段丘とする考え方がある[4]。複数あるBの緩斜面はAの領域に比べて勾配が緩く，出現する標高が揃っていることがその理由と考えられる。地すべり地形と段丘が近接しているため，識別が困難な地形として例示した。

　話がそれるが，図中のC～D地点にかけて直線的に崖が伸びており，これを境に池田町の市街地が載る平坦面（吉野川の河成段丘面）は北側が約20m高くなっている。この直線的な崖は，我が国を代表する活断層の一つ，中央構造線活断層系池田断層が形成した断層崖である[7]。本地域の池田断層は北側隆起成分を持つ右横ずれ断層で，もともとは同一面であった段丘面が，断層運動により北側が隆起して現在の形になった[7]。

　Bの地形は，かつての吉野川の河床であった平坦面が，活断層運動に伴い隆起した結果，段丘化したことが考えられる。Aの地すべりの発生が先か，段丘化が先かは判然とせず，ここでは議論しない。

　この地形に限らず，地形判読では文献や判読者によって意見が分かれることがしばしばある。地形判読において重要なことは，正解は一つのものとして決めつけることではなく，解答が複数想定される場合に，それを導き出した理由（根拠）を自分なりに整理し説明できることにあると考える。

4. 地すべりだと気付きにくい事例

4.1. 全体の特徴を把握する

　図-2のEで囲った地形は，前述の池田町市街地が載る段丘面の西縁に広がる丘陵で，北縁を一級河川吉野川が東に流れている。この丘陵の北半部には，前述の断層崖に通じる直線的な谷が東西に伸びており，ここでは丘

41

図-2 地形判読演習図
A・Bの区分は文献4)，池田断層の位置および丘陵Eの範囲は文献5)を参考とした。出典：地理院地図[3)]に加筆

図-3 丘陵Eを含む範囲の空中写真
表示範囲は図-2に示した。出典：1975年国土地理院撮影(CSI749-C17A-22, 23, 24)[6)]

陵が池田断層によって切断されていると考えられている[7)]。この丘陵は，畑や住宅地として利用されている起伏の小さな緩斜面からなっており，南側を除き周囲を急斜面で縁取られている。またここは，その南側に接する山地とは標高や勾配などの地形の特徴が明らかに異なる。

このように一方が山地に接する台地状の地形の種類として，いくつかの候補が挙げられる。最も一般的なものは段丘である。また火砕流や溶岩を成因とする火山地形

や，差別削剥地形（石灰岩によるカルスト台地等）も，類似した特徴をもつ台地状の地形を形成する場合がある。

4.2. いろいろな情報を収集する

判読できる地形状況や，その他の各種情報を照らし合わせて，丘陵Eがどのような地形に該当するか考えてみたい。地点Fや地点Gには，周囲とは分離した小山（丘）が存在している。また地点Gから北北西に向かって浅く開いた凹地がみられる。この凹地の前後は谷に繋がっていないことから，凹地の内部には流水が存在せず，凹地は侵食により形成されたものではない可能性が高い。これらの地形は通常の段丘面に一般的なものではなく，段丘は考えにくい。また公表されている地質図によれば，ここは火山地帯でも差別侵食を起こす地質の分布地帯でもないことから，それらを成因とする地形ではない。

先に答えを示すと，丘陵Eは地すべりが堆積してできた地形である[8]。現在の吉野川の流路にあたる部分の土塊は河川侵食により消失し，現在は南側の部分だけが残されている。地形Fや地形Gの小山は地すべりによる分離小丘で，凹地についても地すべり滑動に伴う地形の変化で形成されたものと考えられる。なお地すべり移動体と基盤岩の間には第四紀の堆積物が挟まれており[8]，そのことがこの丘陵が地すべりであることを証明する決め手となった。

それでは，丘陵Eを形成した地すべりはどこからすべってきたのだろうか。丘陵Eの周囲に滑落崖を示唆する地形が存在せず，地形の特徴から地すべりの滑動方向を推定するのは困難である。それを判断する決め手は，丘陵Eを構成する地質である。本地域の地下では，池田断層の北側には白亜紀の海成堆積物を起源とする和泉層群の砂岩・泥岩が，同断層の南側には三波川変成帯を構成する結晶片岩類が分布することが知られている。丘陵Eは池田断層をまたいで分布しているが，その構成地質は全域で和泉層群を起源とする地すべり堆積物である[7]。このため丘陵Eは，三波川結晶片岩類からなる南方の山地を発生源とする地すべりではない。地すべりは北側の山地から吉野川を塞き止めながら南へ滑動し[7]，その後，流れを再開した吉野川によって北側の斜面とは切り離され（写真-1），さらに地点C付近で池田断層によって切断された。

このような情報に基づき再度地形図を眺めると，当地の地形の特徴が見えてこないだろうか。丘陵Eに接する南側の斜面には，地すべりの発生源を示唆する滑落崖はおろか，丘陵Eの移動体が収まる窪みすら見当たらない。

同じことは吉野川北岸の斜面でも言えるが，こちらは地すべり発生後の吉野川による侵食により，その発生源の地形が消失したと解釈ができる。一方で丘陵Eの南側の斜面は，顕著な水系（水流）が無いにもかかわらず，この規模の移動体の抜け跡を完全に消失させるだけの侵食が進行することは考えにくい，という理屈である。

写真-1　丘陵Eを北東方から望む
丘陵Eの地すべりの発生源となる斜面は，その後の吉野川の侵食により消失した

5. おわりに

第⑨～⑪号の「地すべりがつくる地形を読み解く」特集では，地すべり地形の判読に関して筆者らのノウハウを含めてまとめた。地すべり地形の判読にあたっては，地すべり以外にも様々な要素に関する調査や知識が必要であり，総合的な判断能力が求められる。現地確認も含めて広い視野での調査を行い，経験を積んでいくことが，地形判読の上達への道であることを覚えておきたい。

参考資料

1) 永田秀尚(2017)：地すべり地形の誤判読について，日本地すべり学会第56回研究発表会講演集，pp.150-151.
2) 鈴木隆介(1997～2004)：建設技術者のための地形図読図入門，全4巻，古今書院，東京，1322p.
3) 国土地理院「地理院地図」 https://maps.gsi.go.jp/
4) 地盤工学会地盤の見方編集委員会(1999)：ジオテクノート10 地盤の見方，(社)地盤工学会，147p.
5) 水野清秀・岡田篤正・寒川　旭・清水文健(1993)：2.5万分の1中央構造線活断層系(四国地域)ストリップマップ説明書，構造図(8)，地質調査所，63p.
6) 国土地理院「地図・空中写真閲覧サービス」
http://mapps.gsi.go.jp/maplibSearch.do#1
7) 岡田篤正(1968)：阿波池田付近の中央構造線の新期断層運動，第四紀研究，Vol.7，No.1，pp.15-26.
8) 長谷川修一(1992)：中央構造線沿いの破砕帯と道路建設の事例，土質工学会破砕帯の工学的性質に関する研究委員会，pp.38-61.

海岸の地形を読み解く（1）

株式会社 応用地理研究所 **神谷 振一郎**　国際航業株式会社 **西村 智博**　朝日航洋株式会社 **小林 浩**

　今回から海岸の地形判読を解説する。特に海成低地を中心とした海岸沿いの地形を取り扱う。

1. 海岸低地とはどのようなものか

　海岸低地とは、海岸に沿って広がる平坦な土地である。平坦な土地といっても成因や構成物質は一様ではない。判読では地形形成営力や地形形成過程、構成物質、形成年代などを意識して作業しよう。

　海岸低地はその形成過程から、堆積低地（低かったところが岩屑等に埋積されて平坦になった土地）と侵食低地（高かったところが削られて低くなった土地）に大別できる（表-1）。

2. 海岸低地に関わる営力

　海岸部は陸上と海の営力、気候変動による海水準変動、地盤の隆起・沈降など様々な営力が関与している（表-2）。どのような営力が作用して海岸の地形が形成されているかを紹介する。判読では、異なる時期の地形図や空中写真を比較するなど、地質学的時間での地形場の変化を考慮することが大切である。

2.1. 氷河性海面変動

　気候変動による氷河の消長や海水温度の変化で、世界規模の海面変化が起きる。氷期には水が氷河や氷床として陸上にとどまることから、海水面は下がり、海岸線は海側に移動する（海退）。暖かい間氷期には氷河や氷床が溶け、海水面が上がり、海岸線は陸側に移動する（海進）。

表-1　堆積低地と侵食低地の特徴
出典：鈴木隆介（1998）[1]を編集

		堆積低地	侵食低地
低地が形成される前の元の		現在より低かった	現在より高かった
形成営力		液体の流れ	液体の流れ
形成過程		流体力により運ばれてきた岩屑で、低所が埋め立てられて低平化	高所が、流体力の及ぶ高さまで、ほぼ平らに削られて低平化
形態的特徴	低地に接する山麓線または段丘崖麓線	リアス式海岸のように屈曲に富む。支流の谷底にも低平地が樹枝状に入り組んでいる。低平地内に島状丘陵が存在することもある	比較的に滑らかで、山側に凹の弧状または直線状である。島状丘陵はない
	低地の接する海岸線または湖岸線の平面形	屈曲に乏しい滑らかな直線形、陸側に凹の弓形、または海側に凸の円弧形。前面に岩礁の存在は稀である	小さな屈曲に富み、前面に岩礁や島の存在することも多い。ただし、軟岩の海岸では直線形または陸側に凹の弓形
	主要河川または海岸線の特徴	礫浜、砂浜、泥浜、磯は無い	磯であり、岩礁があるが、浜はほとんど無い
	低地を構成する複式地形種及び単式地形種	浜堤、砂嘴、堤間湿地、砂丘	傾斜波食面や波食棚が発達、その背後に海食崖、海食洞などが発達する
地盤条件	整形物質の厚さ	数m～数十mと厚く、場所的変化が大きい	数m以下と薄く、どの場所でもほぼ一定
	整形物質の岩相	礫、砂、泥（シルト・粘土）、泥炭などの非固結堆積物であり、場所的変化が著しい	厚さ約3m以下の薄い礫層の下に岩盤または古い非固結堆積物があり、場所的変化は小さい
	表層の地盤	N値は0～50、場所的深浅的変化が著しい	N値は30以上、場所的変化は小さい
自由地下水の水位と量		数m～数十mと深浅変化が大きく、豊富	堆積物の基底部にのみ存在し、少量
自然災害		災害種別とその規模の場所的変化が大きい	災害は堆積低地より相対的に少ない

表-2　海岸低地に作用する営力
出典：鈴木隆介（1998）[1]から作成

分類	営力
海面の上下変動	氷河性海面変動、潮汐、高潮
海水の流れ	海流、海岸流、潮流、沿岸流、離岸流
波	風波、ウネリ、砕波、磯波、汀線砕波、遡上波、引き波、セイシュ
津波	
漂砂	
その他	地殻変動、火山活動、集団移動、飛砂、地盤沈下、生物など

第四紀には氷期・間氷期が短期間で繰り返されており、海水面の上下変化は100mにも及ぶ。約2万年前には海面は現在より100m以上低く、約6千年前には数m高かったとされる。海退時には侵食谷が発達し、海進時には溺れ谷や厚い堆積層が形成されるなど、海岸部は影響を強く受けている。

いまさら聞けない 地形判読 ⑫

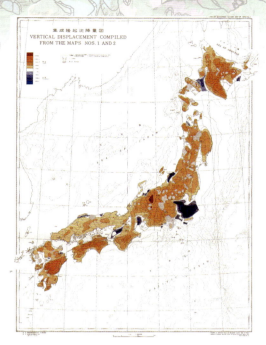

図-1　第四紀における地殻の隆起沈降量図
濃い暖色ほど隆起量大，濃い寒色ほど沈降量大
出典：防災科研　第四紀地殻変動図[2]

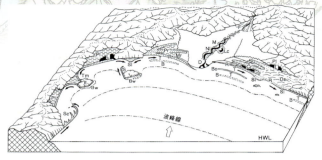

図-2　海成堆積低地に見られる地形種
F：扇状地，M：蛇行原，Pr：堤列低地，Ds：砂丘帯，Pl：潟湖跡地，L：潟湖，R：浜堤，Mr：堤間湿地，Cr：堤間水路，B：沿岸底州，T：沿岸溝，Bo：沿岸州，S：砂嘴，Sc：複合砂嘴，Sl尖角州，Tm：トンボロ，It：陸繋島，Bw：波食棚，Nl：自然堤防，Lc：三日月湖，→：漂砂の卓越方向
出典：鈴木隆介（1998）[1]

図-3　石巻港付近の治水地形分類図
出典：地理院地図[3]に加筆。赤枠は図-4の写真範囲。灰色破線は東北地方太平洋沖地震時のおおよその浸水範囲。

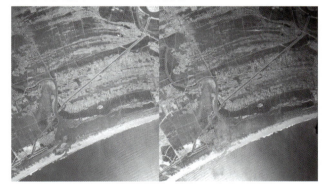

図-4　石巻港付近の空中写真
内陸に浜堤列と堤間湿地。定川河口には砂州の背後に潟湖が見られる。
出典：1947年米軍撮影（USA-M222-44，45）[4]。

2.2. 地殻変動による地盤の沈降・隆起

　第四紀における日本列島の隆起沈降量図を図-1に示す。長期的には列島は隆起の場にある。その中で，沈降域とその周辺は，現在見られる広い平野の分布域と重なる。そこでは河成・海成の厚い堆積層が形成されている。隆起域は主として岩石海岸となっている。
　氷河性海面変動や地殻変動は人間の生活スケールでは捉えにくいが，大局的な海岸地形の形成に深く関わるため，判読対象地域についてはあらかじめ把握しておきたい。地形変化の予測には，広汎で長期的な視点での考察も必要である。

3. 堆積作用が卓越する海成低地

　海岸沿いに砂礫・砂・泥などが海の波と流れにより堆積して形成された低地が，海成堆積低地である。堤列低地・堤間湿地・水底三角州などの複式地形種や，浜・沿岸底州・浜堤・砂嘴などの単式地形種などからなる（図-2）。微高地としては浜堤や砂丘・砂嘴など，低湿地としては堤間湿地や潟湖跡地，水域には潟湖などがある。
　海成堆積低地の例として宮城県石巻市付近の治水地形分類図（図-3）と空中写真（図-4）を示す。海岸線に平行な浜堤列と堤間湿地が数多く発達する。定川と旧北上川が蛇行して流れており，定川河口には潟湖が見られるが，一部は浚渫されて石巻港（外港）となっている。

4. 侵食作用が卓越する海成低地

　主に岩石海岸を取り扱う。岩石海岸は海岸が波により侵食されてできた海食崖（図-5），かつての海岸が隆起した隆起海岸などがある。岩石や波浪の性質により様相が異なるが，一般的に地盤条件は比較的良好である。

45

5. 海岸低地で見られる災害

それでは、海岸低地で発生する代表的な災害について見てみよう。ただし、多くは海岸低地以外でも起こりうる。

5.1. 土砂の堆積・侵食による災害

1）海岸侵食

砂浜海岸では砂礫が沿岸方向または岸沖方向に運搬され、汀線の後退が生じる。海岸部の侵食・堆積は、波浪の性質、河川からの砂礫の供給量や沿岸漂砂の方向、人工地形物の影響などが相互に関与する。

岩石海岸では、波浪などの営力により海岸が侵食されて海食崖を伴って後退する。侵食速度は岩石の性質や波浪の大きさ、頻度などにより異なる。

海岸侵食は全国的に問題となっているが、自然科学的な課題だけでなく、法律等の社会的要因が絡むため問題の解決は容易ではない[6)7)]。

2）飛砂

砂などが風により飛ばされて、耕作地や道路などが埋積されたり、家屋内に侵入したりする。砂などに付着した塩分による塩害なども起こる。砂丘は風により形成された砂の高まりであり、海岸砂丘以外にも湖畔砂丘や河畔砂丘などがある。

5.2. 水害

1）高潮

高潮は「台風などによる強風や気圧低下などにより海面が異常に高まる現象」[5)]である。風による吹き寄せ効果や低気圧による吸い上げ効果により、海面が上昇する。特に湾奥部で顕著である。伊勢湾台風（1959）の高潮による浸水範囲と地形分類に一定の対応があったことはよく知られている。1999年台風18号の影響で発生した熊本県宇城市不知火町の高潮災害の例を示す（図-6, 7）。

2）氾濫

堤間湿地や潟湖（図-8）などは、地下水位が高く、排水条件が悪いため、増水時に長期間にわたり湛水しやすい。浜堤は波により形成された地形なので、高潮や暴浪時に越波が起こり、背後の低地が湛水することがある。

5.3. 地盤が寄与する災害

1）軟弱地盤

海成堆積低地は非固結堆積物からなり、地下水位が高く、軟弱地盤が発達する。堤間低地や潟湖跡地、溺れ谷などには、泥や泥炭などの細粒物質が多く、不同沈下や地盤沈下・地震時の液状化などが発生しやすい。埋立地も同様である。

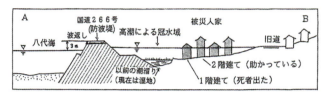

図-6　宇城市不知火町松合地区の高潮災害の状況図
出典：日本写真測量学会（2001）[8)]

図-7　宇城市不知火町松合地区の空中写真
出典：1962年国土地理院撮影（MKU625X-C2-10, 11）[4)]に加筆。白破線は1999年台風18号の高潮によるおおよその浸水範囲[8)]で、図-6の旧道に概ね一致する。北側の2つの谷底は土石流堆である。旧道より海側は海成低地または人工地形である。

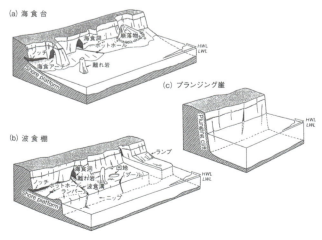

図-5　岩石海岸で見られる地形
出典：日本地形学連合（2017）『地形の辞典』[5)]

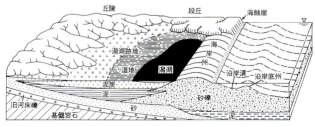

図-8　潟湖と潟湖跡地の模式図
潟湖は波の静かな水域で細粒物質が堆積する。
出典：鈴木隆介（1998）[1)]

2）地震に伴う地盤の隆起・沈降による地形変化

地震自体は災害ではなく，またどこでも起こりうるが，今回は海岸部での地盤の隆起・沈降による影響を紹介する。

房総半島南端付近は，1923年の関東地震では2mほど隆起して海面付近の波食棚が離水，1703年元禄地震では最大6m隆起して，波食棚とさらに深い海食台が離水して段丘化した。このような地震に伴う隆起が繰り返して，階段状の段丘が発達している（図-9）。

東北地方太平洋沖地震（2011）では太平洋岸の広い範囲が沈降し，沈降量は最大で1mを超えた（図-10）。沈下により相対的に地下水位が高くなり，排水が不良になる。海成低地のような極緩勾配な土地では，わずかな地盤高の変化が浸水範囲などに大きく影響を及ぼす。地震で地盤沈降した後に津波に襲われると被害が増大しやすい。

5.4. 津波

津波は地震による海底変化や海底火山，地滑りによって引き起こされる。水深が浅くなると波高が高くなる。湾奥部ではさらに顕著である。地盤が低く勾配が緩い海成堆積低地では，陸地奥まで津波は侵入する。津波が繰り返し長時間作用することで，海岸部や海底の侵食などにより地形変化が生じる。人的・物的被害も甚大である。東北地方太平洋沖地震での津波は，高さ15m超，最高遡上高40m超，内陸への浸水範囲は最大5kmに及んだ。

6. 海岸低地の判読にあたって

現在の日本の海岸低地は人為的な地形改変が著しい。特に堆積低地は埋立や干拓が進み，海岸線には防波堤が建設され，地表は都市化により被覆されている。平時は潜在している地形変化（≒災害）の方向性や規模を，地形判読により読み取っていきたい。

このあとの2回では具体的事例を用いて，海岸低地の地形判読事例を紹介していく。

参考資料

1）鈴木隆介（1998）：「建設技術者のための地形図読図入門」，第2巻 低地，古今書院
2）防災科学技術研究所（1969）：第四紀地殻変動図，NO.3集隆起沈降量図，http://dil-opac.bosai.go.jp/publication/quaternary_chikaku/pdf/map06-03.pdf
3）国土地理院　地理院地図にて表示される治水地形分類図（更新版）http://maps.gsi.go.jp/
4）国土地理院　地図・空中写真閲覧サービス http://mapps.gsi.go.jp/maplibSearch.do#1
5）日本地形学連合（2017）：「地形の辞典」，朝倉書店

図-9　南房総市千倉町千田付近の空中写真
出典：1975年国土地理院撮影（CKT20121-C20-33,34）[4]の傾斜変化点に白破線加筆。4段程度に区分できる。起伏度や傾斜，土地利用が異なる。海岸部に現成の波食棚が見える。

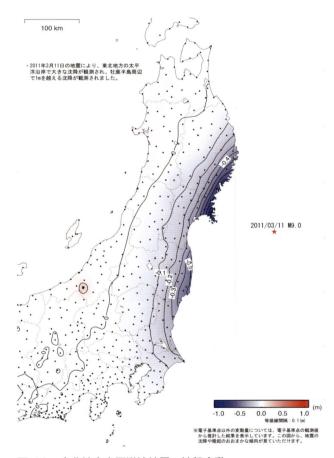

図-10　東北地方太平洋沖地震の地殻変動
本震前後の上下変動量図。濃青が沈降大。牡鹿半島で-1m超。
出典：国土地理院[9]

6）宇多高明（1997）：「日本の海岸侵食」，山海堂
7）宇多高明（2004）：「海岸侵食の実態と解決策」，山海堂
8）日本写真測量学会（2001）：「空から読む環境と安全」，13章津波・高潮と海岸侵食，日本測量協会
9）国土地理院　特集・平成23年（2011年）東北地方太平洋沖地震から5年，http://www.gsi.go.jp/kanshi/h23touhoku_5years.html（最終アクセス日 2017/10/11）

海岸の地形を読み解く(2)

朝日航洋株式会社　**小林　浩**　　国際航業株式会社　**西村　智博**　　株式会社 応用地理研究所　**神谷　振一郎**

1. 海岸地形を読み解く準備

　海岸の地形を読み解く(2)では，代表的な海岸地形の具体的な判読手順を紹介する。対象とする地形種は，堆積作用が卓越する海成低地，および侵食作用が卓越する海成低地である。海成堆積低地に見られる地形種は前回図-2に示した通りであり，ここでは浜堤と堤列低地・堤間湿地等を扱う。また海成侵食低地では海蝕崖と波蝕棚等を扱う。

2. 具体的な地形事例を読み解く

2.1. 海成堆積低地

(1) 資料の準備

　いつものように，旧版地形図，標高区分図，空中写真を用いて地形判読を行う。対象は，千葉県東部の海岸に広がる九十九里浜平野の南部，一宮町及び長生村である。図-1に読図範囲を示す。

(2) 判読

　図-1の東は太平洋であり，海岸線はほぼ南北に延びている。図-1の南部には太平洋にそそぐ一宮川が緩やかに蛇行しながら東流しているが，河口部は海岸線に並行するように北に著しく湾曲している。また河口左岸側には海岸線と並行する細長い水域が見られる。図-2に示す拡大図を見ると，陸部は大部分が水田であるが，海岸線付近は砂浜となり，その内陸側は針葉樹林が帯状に分布する。内陸部は南北に断続する水田主体の帯状の範

図-1　対象地位置図
出典：地理院地図[1]に加筆

図-2　対象地地形図
出典：地理院地図[1]に加筆

囲に対して集落と畑を主体とする帯状の範囲が交互に並んでいるように見える。

　図-3に旧版地形図を示す。明治39年発行の5万分の1地形図「茂原」によれば，一宮川河口部は現在よりも約

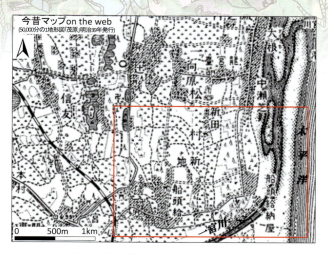

図-3 対象地の旧版地形図
出典：明治36年測図5万分の1「茂原」[2]に加筆

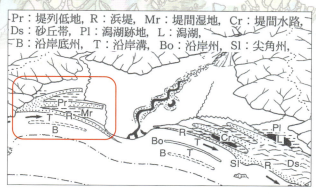

図-5 海岸堆積低地概念図より堤列低地等
出典：鈴木隆介（1998）[4]

図-4 空中写真で見た帯状の地形
出典：1961年国土地理院撮影（KT612-YZ-C1-55・57）[3]

図-6 対象地の土地条件図（数値地図25000（土地条件））
出典：地理院地図[1]に加筆

800m北にあり，現在細長い水面となっている部分が旧河道であることがわかる。またその左岸側には並行して細長い沼が存在し，両者の間には表面が砂からなる中州状の高まりが断続している。内陸部にも，南北に細長く断続する沼が点在しているほか，水田主体の土地利用が南北に断続する帯状の分布を示している。

図-4に，昭和36年撮影の空中写真を示す。なお全体を立体視できるように並べている。写真からは，前述の水田主体部の間に分布する集落や樹林・耕地からなる部分は水田と比べてやや標高が高いことがわかる。つまり，南北に細長く延びる微高地とそのあいだの微低地が交互に並んだ地形となっている。しかし図-2の地理院地図ではそれらの間に等高線はなく，標高点からは2m程度の標高の違いしかないことが読み取れる。

この帯状に並行する微低地と微高地は何であろうか？砂質の表層からなる海岸に並行する微高地・微低地の列状地形には，浜堤と堤間湿地，沿岸州と潟湖・潟湖跡地，砂丘列と堤間湿地などが挙げられる（図-5参照）。比高がごく小さいこと，海岸線と並行で多数の列からなることを踏まえると，浜堤と堤間湿地の組み合わせの繰り返しからなる堤列低地であると解釈すべきであろう。旧版地形図に見られる水面は堤間湖沼であり，その南北方向の延長上の水田は堤間湿地と解釈される。

図-6は土地条件図で，微高地は砂州・砂堆・砂丘，微低地は谷底平野・氾濫平野に区分されており，上述の解釈と整合している。なお一宮川沿いには川沿いに連続する自然堤防の微高地が見られ，堤列低地は南側出口をふさがれた状態となっている。

図-1と図-3を比較すると，現在は旧版地形図に見られた堤間湖沼が埋土地となって現存せず，また圃場整備によって微地形も見えにくくなっている。しかし，図-7に引用する地盤高図（千葉県，2013）に示すように標高差は現存しており，大雨時の内水氾濫や大規模津波時の遡上波による浸水などの際には，このわずかな標高差によって被災の程度が大きく変わる可能性がある。また堤間湿地は軟弱な地盤となっていることが多いこと

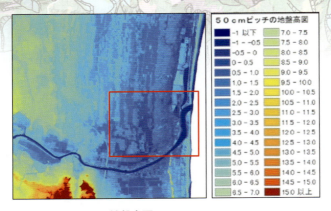

図-7 地盤高図
出典：千葉県防災危機管理部(2013)[5]を編集

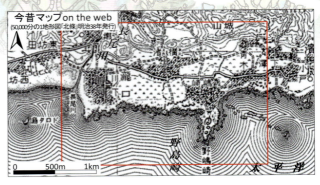

図-9 旧版地形図
出典：明治36年測図5万分の1「北條」[2]に加筆

図-8 対象地域
出典：地理院地図[1]に加筆

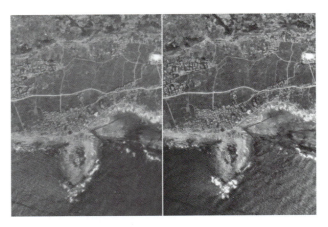

図-10 空中写真で見た階段状の地形
出典：1947年米軍撮影(M200-90・92)[3]

から，大規模地震時には家屋等の被害にも差が生じる可能性がある。このように土地利用には注意が必要である。

2.2. 海成侵食低地

（1）資料の準備

海成侵食低地の例として，隆起岩石海岸の波蝕によって形成された海成段丘地形が発達する千葉県の房総半島南端，南房総市の野島崎周辺を例に説明する。図-8に読図範囲を示す。

（2）判読

図-8の南は太平洋であり，海岸線はほぼ東西に延びている。図中央には房総半島最南端の野島崎が半島状に突き出している。図中の海岸はほぼ全長にわたって露岩しており，沖合にも岩礁が散見される。国道はおおむね標高5mの等高線付近にあり，国道沿いの集落は標高10m以下に分布する。その背後は水田を挟み一列内側に集落が断続するが，その標高はおおむね15m以上である。これらの集落背後にも水田が断続するが，すぐに急峻な斜面となって標高100m前後以上の丘陵地となる。丘陵地と水田との間には下に凸の緩斜面が断続し，畑に利用されている。

図-9に旧版地形図（明治38年発行の5万分の1地形図「北條」）を，図-10に昭和22年撮影の空中写真を示す。なお空中写真は立体視できるように配置している。空中写真を立体視判読すると，海岸から背後の丘陵斜面までの間の平地は複数の階段状の地形となっていることがわかる。これを野島崎周辺において区分した結果を陰影段彩図に重ねて示すと，図-11のようになる。

すなわち，山地の直下には崖錐と解釈される緩斜面が分布し，その下方の平地には3段の段丘面と解釈される階段状の平坦面，ならびに海岸部に隣接する離水した波蝕棚と解釈される平坦面に区分される。

図-12に岩石海岸での侵食地形の概念図[4]を示す。図-8で判読されたように，この付近の海岸はすべて岩石海岸と考えられ，また沖合に隠顕岩が点在すること，段丘面が見られることから，図-12の⑧：平坦波蝕面（タイプB）と考えられる。

段丘面が形成された原因は，何らかの理由で海水準が相対的に低下し，陸地が上昇したことによる。ここで図-13に，明治38年発行の旧版地形図と昭和22年発行の旧版地形図を並べて示す。海岸線に注目すると，明治38年発行地形図で隠顕岩であった部分の一部が昭和22

図-11 対象地の陰影段彩図
出典：地理院地図[1]（標準地形図＋陰影立体図＋段彩図）に加筆

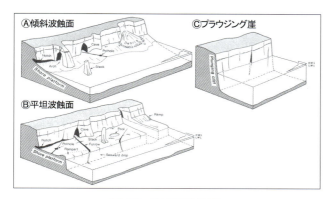

図-12 海成侵食地形
出典：鈴木(1998)[4]を編集

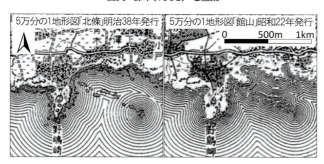

図-13 旧版地形図間の地形変化〜明治36年測図(左)と昭和19年修正部分(右)の地形図の比較〜
出典：今昔マップon the web[2]に加筆

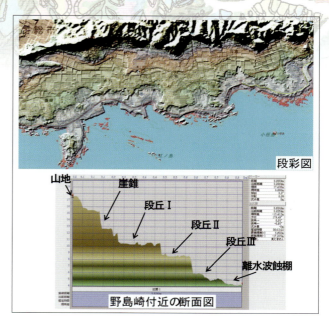

図-14 房総半島の海岸段丘
出典：国土地理院関東地方測量部HP[6]に加筆

年発行地形図では陸部となっている。すなわち、この間に海水準が陸地に対して若干低下したことを示している。

地震学の知見によれば、本地域の沖合には相模トラフと呼ばれるプレート境界が存在しており、ここで陸側のプレートに海底プレートが沈み込み、繰り返し海溝型の巨大地震を発生させていることが知られている。その巨大地震のうち最新のものが、まさに2つの旧版地形図の間の1923年（大正12年）9月に発生した関東地震（マグニチュード7.9）である。このとき、房総半島南部は南ほど大きく隆起する変動を生じ、本判読範囲の野島崎付近の隆起量は約2mに達した。このため、波蝕棚の一部が離水したのである[7]。また、関東地震の一つ前の巨大地震は、1703年の元禄地震（マグニチュード8.1）[6]と言われている。歴史地震学や地質学の知見によれば、このとき野島崎付近の隆起量は6mに達し、隆起した波蝕棚は図-11中の段丘Ⅲを形成した。

図-14に、国土地理院関東地方測量部ホームページより房総半島の海岸段丘解説図[7]を引用する。段彩図では段丘面が標高で色分けされており、断面図ではその断面形が階段状になっていることがわかる。

参考資料

1) 国土地理院：地理院地図．
2) 谷謙二：今昔マップon the web，http://ktgis.net/kjmapw/index.html．
3) 国土地理院：地図・空中写真閲覧サービス，http://mapps.gsi.go.jp/maplibSearch.do#1
4) 鈴木隆介(1998)：建設技術者のための地形図読図入門 第2巻，古今書院，p.425，429
5) 千葉県防災危機管理部(2013)：千葉県津波浸水予測図HP，http://keihatsu.bousai.pref.chiba.lg.jp/hazadmap/tnm/map_tnm.html．
6) 宍倉正展・鎌滝孝信・藤原治(2016)：房総半島南部沿岸の海岸段丘と津波堆積物に記録された関東地震の履歴，地質学雑誌，Vol. 122，No. 7，p.357-370．
7) 国土地理院関東地方測量部：房総半島の海岸段丘，http://www.gsi.go.jp/kanto/chiri001.html．

本稿の図-3，図-9，図-13は、時系列地形図閲覧サイト「今昔マップ on the web」（©谷謙二）により作成したものです。

海岸の地形を読み解く（3）

国際航業株式会社　西村　智博　　朝日航洋株式会社　小林　浩　　株式会社 応用地理研究所　神谷　振一郎

1. 具体的な地形事例の補足

1.1. 風成堆積低地

日本海や太平洋に面した海岸部では，海成堆積低地の前面に風成堆積低地[1]として海岸砂丘が形成されていることが多いことから，ここでは海岸砂丘の読み解き方について補足しておく。

1.2. 浜堤と海岸砂丘の違い

『地形の辞典』によると，浜堤とは「波浪の作用で海岸線の陸側に海浜堆積物（砂・砂礫・礫）が積み上げられてできた高まり」，海岸砂丘とは「前浜に打ち上げられた砂が風や波によって後浜に運ばれ，ここからさらに内陸側に風で運ばれた砂の高まり」とされている[2]。つまり，波浪による作用か，風による作用かによって，それぞれ形成される地形が異なるのである。

1.3. 海岸砂丘を読み解く

では海岸砂丘と浜堤をどのように見分けるのか，具体的な事例で見てみよう。

(1) 資料の準備

海岸砂丘の事例として，図-1・2に鹿児島県の東部，肝属（きもつき）川の河口部周辺の地形図および空中写真を示す。図では右側（東側）の水面が志布志湾である。なお，低地の微妙な起伏を強調するため，ここでの空中写真は隣り合うペアとなる写真を1枚飛ばして表示している。

(2) 判読

地形図と空中写真からは，肝属川の河口から北に向かって海岸線に沿う高まりが連続することが読み取れる。

図-1　肝属川河口部の地形図
出典：地理院地図[3]

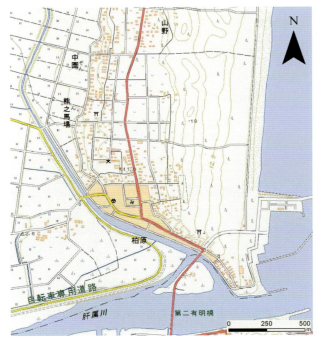

図-2　肝属川河口部の空中写真
出典：2003年国土地理院撮影（MKU2003-4X-4-9,11）[4]

この高まりは最高標高が20m程度であるが、南北に延びる稜線を追跡すると、途中でいったん15m程度まで低くなるところがある。また、東西方向の等高線の間隔は開いておりなだらかな斜面であることがわかるが、間隔が不ぞろいで傾斜が一定しないように見える。

海岸から西側(左側)に向かって横断的に土地利用と標高を見ると、海岸部の砂浜から道路を挟んでしばらくは緩斜面の針葉樹の樹林帯が広がり、標高20m前後のピークを越えて内陸側の国道周辺(標高11m前後)では畑が見られるようになる。同じく標高11m前後から西に向かって傾く斜面に中園や熊之馬場、柏原などの集落が南北に連続して形成されており、それよりさらに西側では標高2m程度の低平な土地に田圃が広がるなど、土地利用も海岸線に沿って南北方向に変化している(図-3)。

なお、5mメッシュDEM[5]から作成した標高区分図からは地表面の起伏がより詳細に把握でき、樹林帯の中にも海岸に近い位置にもう一列高まりがあるように見えたり、低地の中にもわずかに高い土地があることが読み取れる。

(3) 地形の読み解き

判読結果から、この付近の地形を読み解いてみよう。

海岸に沿って標高20m程度の高まりが連続しているが、このような高さまで直接的に波浪の影響が及ぶとは考えにくいことから、浜堤ではなさそうである。また、この高まりには谷が全く見られず、植生は水が少なくても育つ針葉樹や畑ばかりとなっていることから、表層部はかなり透水性が高いと推定される。海岸沿いは樹林帯となっていること、集落は海岸とは反対の西向き斜面に形成されていることから、樹林帯は飛砂を防ぐ目的で維持されている防砂林で、この地域では海岸からの風が相当強いのであろう。

これらの考察から、南北に延びる高まりの成り立ちは、まず海の流れと遡上波の作用で砂嘴が発達し、その上に強い東風によって吹き上げられた砂が重なって形成された海岸砂丘と考えられる。また、西側の低湿な低地は、砂嘴や海岸砂丘によって閉塞されたラグーン状の内湾が、その後次第に埋積されて形成されたものであろう。

治水地形分類図(更新版)「大隅柏原」では、海岸沿いに広く「砂州・砂丘」が採用され、その西側には「氾濫平野」が見られるなど、概ねこれらの考察に合致した地形分類が示されている(図-4)。

事例とした肝属川流域は、上流部は火砕流堆積物からなるシラス台地が広がり、縁辺部の急崖では頻繁に崩壊や土石流が発生するなど土砂生産が盛んな地域である。また、河口のある志布志湾は太平洋に向かって南東に開き、台風時には大きな波浪とともに強烈な風が吹き込むことから、海岸砂丘が形成される地形場が整っているのである。

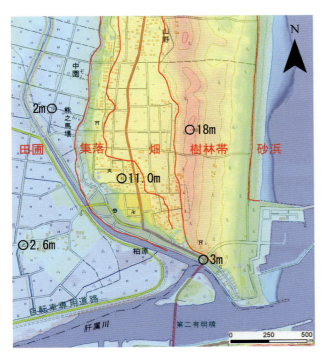

図-3 空中写真および地形図から読み取れる事項
出典:地理院地図[3]に基盤地図情報5mメッシュDEM[5]から作成した標高区分図および標高値・境界線・コメントを追加

図-4 治水地形分類図(更新版)「大隅柏原」の一部
出典:地理院HP[6]に主な凡例を加筆
※治水地形分類図では「砂州・砂丘」は一括した凡例となっている

2. まぎらわしい海岸の地形

2.1. 似たような海岸の例

　図-5と図-6をご覧いただきたい。図-5は静岡県磐田市付近の太田川，図-6は北海道勇払郡むかわ町の鵡川のそれぞれ河口部周辺の地形図[3]であり，双方とも同じ縮尺で表示している。いずれも直接太平洋に流入する河川で，河口からやや内陸側には福田や鵡川といった同規模の集落が形成され，その周辺には水田や畑が広がっているなど，非常に似た土地利用が行われている。

　地形図を一見した段階では，いずれも海岸に沿って浜堤ないし海岸砂丘が形成され，その背後の海成堆積低地に集落が立地しているように見てしまいがちな例である。

2.2. それぞれの地形の判読

　より詳細に地形を検討するために，それぞれの標高分布を細かく見てみよう。図-7・8では，それぞれの地区で5mメッシュDEMから作成した標高区分図と，地形図に示された標高を拡大して表示している。なお，標高区分の色使いはいずれの地区も共通である。

　太田川の河口部では，海岸線に沿って細長く標高8〜10m程度の高まりが2列連続している。しかし，これらの高まりは海岸から300mほどまでの範囲に限られ，それより内陸側では標高が低くなり，図の北端まで標高2〜3m程度の極めて低平な土地が広がっていることがわかる。福田や豊浜といった集落が形成されている地域では周辺より標高がやや高くなる傾向が見られるが，その比高は1m前後とごくわずかである。

　一方，鵡川の河口部では，海岸から300m程度の範囲は標高1〜3mの低い土地が見られるが，それより内陸側は標高6〜8m程度に急激に高くなり，鵡川の市街地付近では標高7〜10m，さらに内陸側に向かってわずかずつ高くなっていく。標高区分を見る限り，人工的な改変地以外でこの地形面に大きな起伏はないように見える。

2.3. それぞれの地形の読み解き

　例示した二つの地域では，いずれも直線的な海岸から1km程度の平坦地に集落が形成されているものの，その周辺の標高は，太田川沿いでは2m前後，鵡川沿いでは6〜10mと大きく異なっていることがわかった。

　ここで「海岸の地形を読み解く（1）」の図-1をもう一度見返してほしい。この図によると，太田川の下流部はほぼ隆起・沈降が見られないか，沈降が卓越する地域に近接しているのに対して，鵡川の下流部は隆起が卓越する地域に極めて近いことがわかる。日本列島は第四紀を通じて各地で隆起や沈降の度合いが異なることが示されているが，例示した地域はまさしくこの違いが地形となって表れているのである。

　つまり，太田川の河口部は平衡状態ないしやや沈降していく地盤を河川からの堆積物が何とか埋め立ててできた海成堆積低地で，鵡川の河口部は河川からの土砂によって形成された海成堆積低地が少しずつ隆起してできた段丘と推定できる。

　図-9・10に治水地形分類図（更新版）による地形分類の例を示す[6]。

　太田川の河口部では，海岸に沿って幅1kmほどの砂州・砂丘が連続し，その背後には広大な氾濫平野が広がり，ところどころに微高地や後背湿地が形成されている。本稿では旧版地形図を示していないが，古くからの集落は微高地を選択して形成されていることがわかる。

　鵡川の河口部では，海岸に沿って幅500m前後の砂州・砂丘が形成されているものの，そのすぐ背後には段丘面が形成されており，鵡川市街地はその段丘面上に位置している。こちらの市街地は周辺と地形的に大きな違いがないことから，街道が鵡川を横断する渡河点に近く，洪水の影響を受けにくい場所に形成されたものであろう。

　両地区で見てきたように，平面的な土地利用は似通っていても，地盤条件や標高の分布が大きく異なることがあり，これが風水害（洪水）や地震災害（地震動の増幅や液状化の発生，津波による浸水）などに対する特性にも大きな違いを及ぼすのである。

　海岸部の地形判読にあたっては，ぜひ大局的な地盤の変動も考慮しながら地形を眺めてほしい。

参考資料

1）鈴木隆介（1998）：「建設技術者のための地形図読図入門」第2巻低地.古今書院, P.213
2）日本地形学連合（2017）：「地形の辞典」,朝倉書店, P.759, P.66
3）国土地理院：地理院地図.
4）国土地理院：地図・空中写真閲覧サービス
　 http://mapps.gsi.go.jp/maplibSearch.do#1
5）国土地理院：基盤地図情報ダウンロードサービス
　 https://fgd.gsi.go.jp/download/menu.php
6）国土地理院：治水地形分類図
　 http://www.gsi.go.jp/bousaichiri/fc_list_a.html

いまさら聞けない**地形判読** ⑭

図-5 太田川河口部の地形図
出典：地理院地図[3]

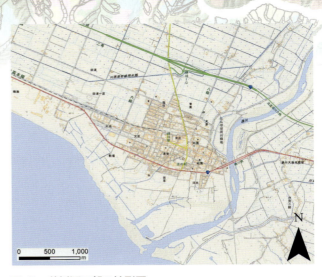

図-6 鵜川河口部の地形図
出典：地理院地図[3]

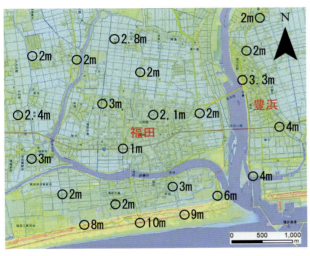

図-7 太田川河口部の標高区分図
出典：地理院地図[3]に基盤地図情報5mメッシュDEM[5]から作成した標高区分図および標高値・地名を追加

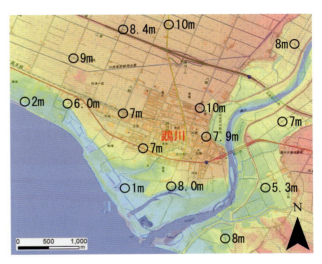

図-8 鵜川河口部の標高区分図
出典：地理院地図[3]に基盤地図情報5mメッシュDEM[5]から作成した標高区分図および標高値・地名を追加

図-9 治水地形分類図(更新版)「袋井・向岡」「磐田」「掛塚」の一部
出典：地理院HP[6]に主な凡例を加筆

図-10 治水地形分類図(更新版)「軽舞」「鵜川」の一部
出典：地理院HP[6]に主な凡例を加筆

55

斜面崩壊がつくる地形を読み解く（1）

明治コンサルタント株式会社　関場　清隆　　国際航業株式会社　小野山　裕治　　株式会社　荒谷建設コンサルタント　加藤　弘徳　　日本工営株式会社　畚野　匡

1. 斜面崩壊とは

1.1. 斜面崩壊はどういう現象に属するのか

　道路脇の斜面から石が落ちる，人家裏の斜面がガサッと崩れて家が土砂で埋まる，山がそのまま崩れてきたのかと見紛うような大量の土砂が押し寄せる，きれいな棚田の斜面だが年に数cm動いている，豪雨に伴い渓流出口から水と巨石が混じり合って突進してくる……。

　これらは全て斜面で起こる土砂移動現象であるが，見かけ上は様々な形態をとる。

　すなわち，ほぼ重力のみにより（＝水の影響もあるがそれが主体ではない），物質が集団をなして，様々な速度（＝速度は年数mm～時速100km以上まで多様），様々な運動様式（＝匍行，滑動，崩落，自由落下，流動，等々）で，移動する現象である。

　これらの現象は，水の影響の大小，物質の破砕状況，移動速度，運動様式，および位置関係や距離などを用いて，何種類かに区分され命名されてきたが，いまだ定説はない。区分・命名方法の代表的な例を図-1に示す。

1.2. 斜面崩壊とはどういう現象なのか

　斜面で起こる現象を，図-1に基づき表-1にまとめた。

　斜面崩壊はしばしば地すべりと混同される場合があるので，地すべりと対比することで，斜面崩壊の理解がより進むと思う（表-2）。

表-1　様々な土砂移動現象

名称	移動様式など[※1]		連載の対象
匍行（クリープ）	明瞭な面を持たずに，ゆっくりと移動		地形図や空中写真で表現されるような規模の地形になりにくく，本連載では対象外とする
落石	岩塊などの自由落下		
斜面崩壊	ある面を境とし，高速度で移動（大部分が斜面から抜け落ちる）	表層崩壊[※2]	
		深層崩壊[※2]	今回（第15～17回連載）で扱う
地すべり	ある面を境とし，あまり変形せずに低速度で移動（かなりの部分が斜面上に留まる）		第⑨～⑪回連載で記述済み
土石流	土砂・土石と水（または空気）が混然一体となり流動		第⑥～⑧回連載で記述済み

※1　一般的な様式を記載したものであり，これに合致しない例も多々見受けられる
※2　2章および3章を参照されたい

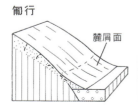 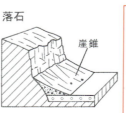 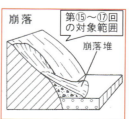 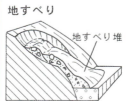 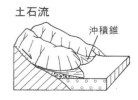

図-1　斜面で起こる現象の分類
出典：鈴木隆介（2000）[1]を一部改変・加筆

斜面崩壊とは，基本的な移動様式が「崩落」，境界面が「明瞭」，移動速度が速く，活動が突発的・断続的で，移動土塊の乱れが大きく，含水比が低く，移動土塊の大部分が斜面から抜け落ち，発生域が急斜面のものである。

ただし，自然現象は本来は連続的なものである。完全には分類できない。

表-2 地すべりと崩壊の区分

	地すべり	崩壊
①地形	緩勾配。地すべり地形	急勾配。非火山地域では斜面の変形等の特徴がみられる場合がある。
②活動状況	継続的、断続的に動いている。再発性。	突発性
③移動速度	小さい	大きい
④土塊	乱れない（原形をほぼ保つ）。斜面上に留まる。	乱れる（原形が崩れる）。大部分が斜面から抜け落ちる。

出典：砂防学会（2012）[2]

1.3. 本稿で扱う斜面崩壊

斜面崩壊は，大きくは表層崩壊と深層崩壊に分類できるが，本稿を含む第⑮〜⑰回連載で扱う地形は，主に深層崩壊地形とする。これは，表層崩壊は，通常入手できる地形図や空中写真では微地形の判読が困難であり，本連載の主旨に合わないためである。

ただし，表層崩壊の理解がないと深層崩壊も理解が進まないと思うので，次項で表層崩壊について述べる。

2. 表層崩壊の概要

表層崩壊とは，『砂防用語集（山海堂）』によると，「山崩れ・崖崩れなどの斜面崩壊のうち，厚さ0.5〜2.0m程度の表層土が，表層土と基盤層の境界に沿って滑落する比較的規模の小さな崩壊現象[3]」とされている。

本邦で起こる表層崩壊は降雨に伴うものが大半であり，それは，降雨の際に地表水や浅層地下水が集中する谷部（特に谷頭付近）で発生することが多い。

そういった表層崩壊は，谷頭付近の微地形と関係があるので，谷頭付近の微地形について説明する。

谷頭付近の微地形は，典型的には図-2のように分類される。ただし，これらの全てがどこにでも出現するわけではない。現地での例を写真-1に示す。

基本的には，「a 頂部平坦面」から，各々遷急線を経ながら「b 頂部斜面」，「c 上部谷壁斜面」，「g 下部谷壁斜面」へと急勾配となり，水が流れる「k 谷底面」へと至る。土壌もb→gへ薄くなる。また，常水が出現する箇所の上流には比較的厚い堆積物を持つ「f 谷頭凹地」があり，その上方に「e 谷頭斜面」がある。

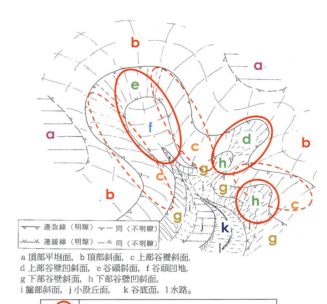

図-2 谷頭付近における微地形単位の配列傾向（ブロックダイヤグラム）
出典：恩田祐一ほか編（1996）[4]に加筆

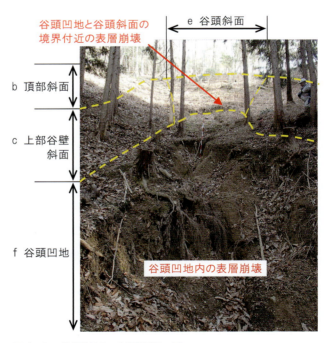

写真-1 谷頭付近の表層崩壊の例
出典：大阪府箕面市で筆者（関場）撮影

読者のみなさまも，小さな谷の源頭部を訪れた時，この図のように細分はできないにしても，斜面下部が急勾配となっていたり，湧水の上方に緩斜面が存在しているのを見たことがあるのではないだろうか。

　降雨による表層崩壊は，水が集中する「d 上部谷壁凹斜面」，「f 谷頭凹地」，「h 下部谷壁凹斜面」で発生することが多く，比較的急勾配にもかかわらず被覆層が存在する「c 上部谷壁斜面」がそれに次ぐ。

　なお，地震動によって発生する表層崩壊は，尾根部や斜面上部で発生することがやや多く，降雨によるそれとは発生場所が異なる傾向にある。発生する場所と地形との関係については研究途上だが，次項に述べる深層崩壊と類似し，斜面内のわずかなふくらみや斜面頭部の段差などから分かる場合もある（地震動による深層崩壊については，第⑰回で記述予定）。

3．深層崩壊について

3.1．深層崩壊の概要

　深層崩壊は，表層崩壊と対になった用語であり，『砂防用語集』（山海堂）によると，「山崩れ・崖崩れなどの斜面崩壊のうち，すべり面が表層崩壊より深部で発生し，表土層だけでなく深層の地盤までもが崩壊土塊となる比較的規模の大きな崩壊現象[3]」とされている。図-3に模式図を，図-4に例を示す。

　また，千木良（2013）によると，「体積が大きいとともに，斜面表層の風化物や崩積土だけでなく，その下の岩盤をも含む崩壊で，地質構造に起因したもの」[5]とされ，地質構造との関係が強調されている。表層崩壊と深層崩壊の比較を表-3に示すが，規模に明瞭な閾値は設

表-3　表層崩壊と深層崩壊の比較

	表層崩壊	深層崩壊
①地質	関連が少ない	地質，地質構造（層理，褶曲，断層等）との関連が大きい。
②兆候（地形，地下水）	ほとんどない	有る場合がある。非火山地域では，クリープ，多重山陵，クラック，末端小崩壊，はらみだし，地下水位変動など
③深さ	浅い	深い
④土質	表層土	基盤
⑤植生の影響	有り	無し
⑥規模	小規模（比高小）	大規模（比高大）

出典：砂防学会（2012）[2]

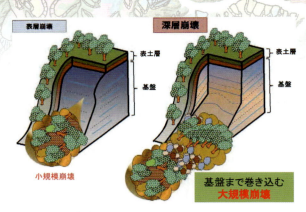

図-3　深層崩壊の模式図
出典：奈良県（2011）[6]

図-4　深層崩壊の例（宮崎県美郷町西郷区野々尾）
・写真（上）は崩壊発生後。（出典；アジア航測HP[7]）
・地形図（下）は発生前。写真撮影方向に合わせ上下逆向きに表示。
（出典：地理院地図[8]）

けにくく，定量的な境界はない。

　発生原因は降雨・地震動・火山などだが，火山については火山地形編（第⑱～⑳回）で述べる予定である。

3.2．深層崩壊の事例

　深層崩壊は，2009年8月の台湾の小林村（現在は高雄市小林里）の崩壊が，衆目の意識する契機となったが，それ以前からも発生している。近年，国内で発生した代表的な深層崩壊の例を図-5に示す。

いまさら聞けない **地形判読** ⑮

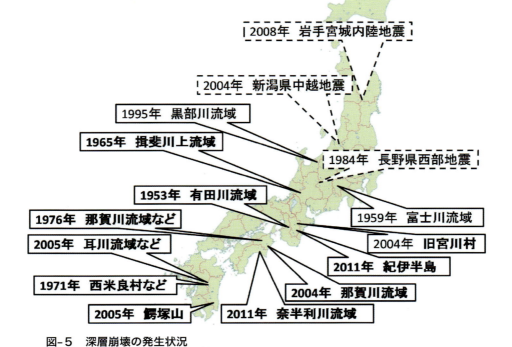

図-5 深層崩壊の発生状況
出典：後藤宏二(2012)[9]に凡例を加筆
☐は降雨が原因，┆┈┆は地震動が原因のものを示す

4．深層崩壊に伴う地形（次回以降の予告）

図-6に深層崩壊発生と関連性の高いと考えられる地形を示す。

次回の第⑯回では，深層崩壊が発生するとどのような地形となるか，について解説する。

その次の第⑰回では，深層崩壊が発生しやすいのはどのような地形か（地形から深層崩壊発生場所の予測ができるか），について解説する。図-6の説明もこの時に述べる予定である。乞うご期待。

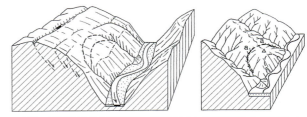

左図：大比高の急峻な谷壁斜面，谷頭斜面または侵蝕前線（1点破線）より上方の前輪廻地形に並流谷が発達し，主尾根に二重山稜が発達する．太破線の部分が崩落する可能性がある．
右図：尾根先端部の山脚（△印）を尾根の先端から抱えるような腕曲状河系（a）が発達する．太破線の部分が崩落する可能性がある．

図-6　深層崩壊の発生しやすい地形場と前兆現象
出典：鈴木隆介(2000)[1]

参考資料

1) 鈴木隆介(2000)：建設技術者のための地形図読図入門 第3巻 段丘・丘陵・山地，古今書院，pp. 780，803
2) 砂防学会(2012)：深層崩壊に関する基本事項に係わる検討委員会報告・提言
http://www.jsece.or.jp/archive/news/2012/teigen20120402.pdf
3) 社団法人砂防学会(2004)砂防用語集，山海堂，pp. 146，268
4) 恩田裕一・奥西一夫・飯田智之・辻村真貴 編(1996)：水文地形学—山地の水循環と地形変化の相互作用—，古今書院，pp. 180
5) 千木良雅弘(2013)：深層崩壊 —どこが崩れるのか—，近未来社，pp. 6
6) 奈良県(2011)：深層崩壊のメカニズム解明に関する現状報告
http://www3.pref.nara.jp/doshasaigai/saboshinsouhoukaimechanism/
7) アジア航測HP：災害関連情報一覧「平成17年台風第14号」九州土砂災害
https://www.ajiko.co.jp/news_detail/?id=12331
8) 国土地理院「地理院地図」http://maps.gsj.jp
9) 後藤宏二(2012)：平成24年度 国土技術政策総合研究所講演会 深層崩壊～その実態と対応～
http://www.nilim.go.jp/lab/bbg/kouenkai/kouenkai2012/kouenkai2012.htm

斜面崩壊がつくる地形を読み解く（2）

国際航業株式会社　小野山　裕治　　株式会社　荒谷建設コンサルタント　加藤　弘徳　　明治コンサルタント株式会社　関場　清隆　　日本工営株式会社　畚野　匡

1. 深層崩壊の特徴

1.1. 深層崩壊の定義

　斜面崩壊のうち，すべり面が表層崩壊よりも深部で発生し，表土層だけでなく深層の地盤までもが崩壊土塊となる比較的規模の大きな崩壊現象を深層崩壊と呼んでいる[1]。深層崩壊の特徴は，急勾配斜面で地盤深くのすべり面に沿って滑動した大規模な土塊が，高速で移動してバラバラに崩壊しながら大部分が崩壊範囲の外に移動する点にある[1]。これに対し地すべりは，比較的緩やかな斜面で継続的に土塊の原型をほぼ保ちながら斜面上にとどまる崩壊である点で深層崩壊と区別される[2]。

写真-1　岩盤深部が滑動した深層崩壊斜面の例
※対岸で土塊が止まり，河道閉塞した後に侵食された。
出典：筆者（小野山）撮影，宮崎県美郷町野々尾

1.2. 深層崩壊発生箇所の分布と特徴

　平成24年8月に国土交通省から図-1に示す「深層崩壊推定頻度マップ」，同年9月に「地域別深層崩壊跡地密度マップ」が公表された[3]。

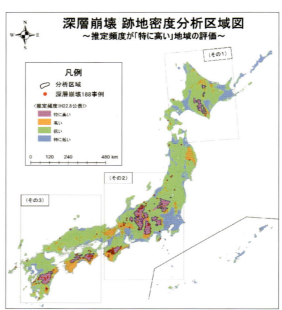

図-1　深層崩壊跡地密度マップ
出典：国土交通省（2014）[4]を一部改変

　国立研究開発法人土木研究所の研究によれば，明治以降に発生した深層崩壊（地震によるものを除く）122事例から，地質や地形量と深層崩壊の間に以下のような関係がみられる。

①第四紀隆起量が大きいほど崩壊密度は大きい
②第四紀の地層はそれ以外の時代の地層と比べて崩壊密度が小さい。
③付加体の崩壊密度は第四紀隆起量や地質年代によらず付加体以外のものと比較して高い。

図-1のピンク色のエリアは，第四紀隆起量の大きい中央構造線沿いの付加体地質分布域とほぼ一致している。

1.3. 深層崩壊の発生に関わる微地形

国立研究開発法人土木研究所が平成23年に公開した深層崩壊発生の恐れのある渓流抽出マニュアル(案)[4]では，一定の条件にあてはまる1km²前後の小渓流における深層崩壊発生の相対的な可能性について，①深層崩壊の発生実績，②深層崩壊と関連性の高い微地形の有無，③重力や水による外力の条件の組み合わせにより全国レベルで評価している。

この「深層崩壊発生と関連性の高い微地形」として，図-2に示す8地形が取り上げられており，これらの微地形に着目した深層崩壊の恐れのある斜面抽出手法が提案されている。

深層崩壊は発生頻度が少なく，発生メカニズムが完全には解明されていないため，今後の研究で得られた知見を踏まえて判読に活かしてほしい。

2．深層崩壊発生斜面の地形判読

2.1. 深層崩壊発生斜面(跡地)判読の着目点

斜面崩壊箇所を判読により深層崩壊と判断するポイントは，広く深い崩壊面(滑落崖)の有無と，土塊がツルンと抜け出るような崩壊形式に着目する点にある。

平成23年台風12号による紀伊半島大水害をうけ，奈良県が実施した深層崩壊調査では，崩壊面積10,000m²かつ推定崩壊深10m以上を目安として54カ所の深層崩壊箇所を抽出している[5]。深層崩壊の規模の目安として参考になるだろう。

深層崩壊の多くは，谷底から傾斜が徐々に大きくなり，はらみ出すような凸形・尾根型の斜面で発生していることが多いので，規模の大きな崩壊面の周囲のはらみ出すような斜面に着目してみよう。

2.2. 深層崩壊跡地の空中写真判読

紀伊半島大水害時に深層崩壊が発生した，奈良県吉野郡野迫川村北股の岩谷渓流を撮影した空中写真を写真-2に示す。深層崩壊による移動土塊が原形をとどめていない点に留意してほしい。崩壊は谷口から370m上流の南西向き斜面で発生し，崩壊土砂による土石流が谷口の集落に達し全壊3戸を含む家屋被害を生じた。

上記の着目点に留意して崩壊跡地の判読に挑戦してみよう。図-3に筆者(小野山)の判読例を示す。まず写真-2を実体視して，植生の切れ目から滑落崖を抽出し，傾斜の違いや土砂の質感から崩壊面と崩壊土砂の境界を区分してみよう。

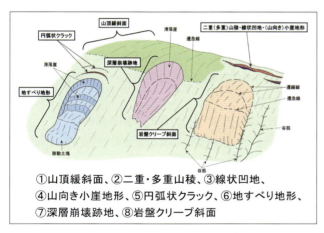

図-2　深層崩壊の発生に関わる微地形のイメージ
出典：土木研究所土砂管理研究グループ火山・土石流チーム(2008)[3]

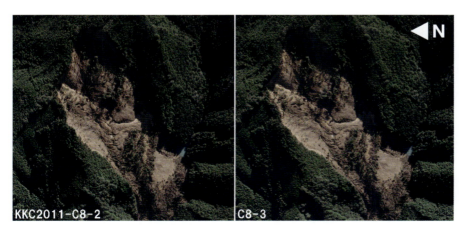

写真-2　奈良県北股地区深層崩壊発生斜面における空中写真(東が上)
出典：国際航業撮影(2011年9月23日)

図-3　筆者(小野山)による判読例
地形図は崩壊前のもの。移動土塊と崩落面の違いに着目。出典：背景は地理院地図[7]

3. 深層崩壊の恐れのある斜面の判読

3.1. 深層崩壊発生に関わる微地形の判読

1）遷急線，山頂緩斜面，崩壊跡地

写真–3に前出の北股地区における深層崩壊発生前の実体視可能な空中写真と，図–5に判読基図を用意した。

写真–3のステレオ写真について，前出の図–2に示す微地形に着目して判読を行ってみよう。図–5の地形図の山道沿いには平坦な尾根が分布しており，山道が「遷急線」，平坦な尾根が「山頂緩斜面」からなる。また，図–5の西端には「崩壊跡地」もみられる。これら三つの微地形要素は，読図や判読が比較的容易であり，深層崩壊の恐れのある斜面抽出の最初の手がかりとして重要である。

2）斜面頂部にみられる線状の地形（次号で詳述予定）

深層崩壊では斜面基盤の深い位置にすべり面ができると考えられており，斜面が不安定化して変形すると，頂部緩斜面や尾根付近に円弧状や線状に伸びる亀裂やがけ，凹地などの微地形が現れることがある。これらの線状の地形は後述の岩盤クリープ斜面の頂部にみられることが多く，崩壊の進行性を評価する一つの目安となる。

3）岩盤クリープ斜面（凸形・尾根型斜面）

深層崩壊が多く見られる第四紀隆起量の大きな斜面では，侵食により傾斜が徐々に大きくなる場合がある。

このような斜面にガリーや沢ができて尾根型の岩盤斜面となり，これが重力によって次第に緩むことで，非常にゆっくりとしたすべり変形（クリープ変形）を生じ，はらみ出すような凸形斜面となっていく。このような斜面を「岩盤クリープ斜面」と呼ぶ。以下の①〜③の着目点に留意して判読してみよう。

①地形図読図で谷・沢に挟まれた尾根型斜面，等高線に粗密（遷急線）のある凸形斜面を探す，②空中写真で凸

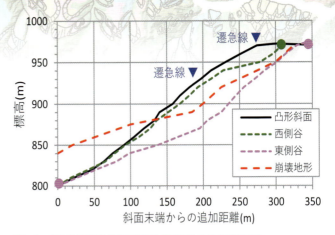

図–4　図–3の黒色測線斜面と両側谷の地形断面図

形斜面の形状を実体視により確認する，③斜面頂部に円弧状や線状の微地形があればクリープ変形のある斜面と考えてよい。

図–4に図–3の深層崩壊地にみられる崩壊前後の斜面主測線と，その東西両側の谷沿い測線縦断図を示す。図のように斜面主測線と両側の谷には数十mの比高があり，私達はこの比高を尾根型の凸形斜面すなわち岩盤クリープ斜面として認識している。崩壊は両側の谷の平均くらいの深さで生じており，崩壊深さの一つの目安となることがわかる。

4）深層崩壊や地すべりの履歴のある斜面

深層崩壊は，隆起量や侵食の大きな地形条件，崩壊しやすい岩質や地質構造と斜面の方向など，特定の条件が整った斜面で発生しやすいことが知られており[2)〜6)]，崩壊履歴のある斜面は類似条件があると考えて判読する。

3.2. 深層崩壊の恐れのある斜面の判読例

図–6に筆者（小野山）による微地形判読例を示す。崩壊発生前・後の写真（写真–3・4）と比較すると，崩壊頂部付近には山頂緩斜面がみられ，遷急線から下側に二つの

写真–3　奈良県北股地区における深層崩壊発生前の空中写真（北が上）
出典：1976年国土地理院撮影（CKK766-C2A-13, 14）[8)]

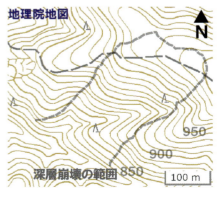

図–5　写真3空中写真範囲の地形図
出典：地理院地図[7)]に加筆

図-6 筆者(小野山)による崩壊前斜面の微地形判読例
※判読凡例は図-2の「深層崩壊の発生に関わる微地形」を参考とした
出典：背景は地理院地図[7]

写真-4 図-6範囲の崩壊後空中写真
出典：国際航業撮影(2011年9月23日)

岩盤クリープ斜面が分布している。この岩盤クリープ斜面の変形が進行し，円弧状クラックや線状凹地等ができ，そこに豪雨による地下水が供給されて不安定化し崩壊したと考えられる。

4. 深層崩壊斜面判読の留意点

4.1. 既存資料や判読ツールの活用

深層崩壊の判読では，これまでの調査・研究で得られている深層崩壊の発生条件[5],[6]等を踏まえ，広い範囲を効率的に絞り込んで判読することがポイントとなる。このため，判読エリアの地形・地質条件について，前出の「深層崩壊マップ」や，地質調査総合センターの「地質図Navi」，地理院地図の傾斜量図等を活用して把握しておくことをお勧めする。

また，最近ではGoogleMapの3D表示等で鳥瞰図が手軽に閲覧でき，凸形・尾根型斜面等の判読で有力なツールとなる。

4.2. 山地部における空中写真収集の課題

深層崩壊の発生エリアは林野庁所管の空中写真が多く，ネットでの閲覧や注文ができない点に留意しておく。

また，写真-2と写真-3のように，崩壊前後の空中写真の撮影コースが南北，東西と異なることも多く，実体視で直接比較しにくいことが多いので注意が必要だ。

4. おわりに

冒頭の写真-1は筆者(小野山)が災害調査で撮影したもので，現場に到着したときは崩壊土塊がただの山にしか見えなかった。裏側に回って広大な崩壊面を見た時に「山が丸ごとすべるのか！」と心底驚いた記憶がある。

こういうインパクトのある災害地形は実地で体験しないと理解ができないことを学べた。このように，判読技術の研鑽では机上だけでなく現地を確認する機会をできるだけつくってほしい。現場のイメージを判読にフィードバックすることで格段に経験値が上がると思う。

参考資料

1) 砂防学会(2012)：深層崩壊に関する基本事項に係わる検討委員会報告・提言
2) 後藤宏二(2012)：深層崩壊〜その実態と対応〜，国総研資料第699号，平成24年度国土技術政策総合研究所講演会資料，pp. 95-112
3) 国土交通省水管理・国土保全局砂防部砂防計画課(2014)：「深層崩壊に関する渓流(小流域)レベルの調査について」，国土交通省HP，報道発表資料
http://www.mlit.go.jp/report/press/mizukokudo03_hh_000552.html
4) 独立行政法人土木研究所土砂管理研究グループ火山・土石流チーム(2008)：深層崩壊の発生の恐れのある渓流抽出マニュアル(案)，土木研究所資料第4115号
5) 奈良県(2011)：平成23年紀伊半島大水害大規模土砂災害に関する調査・研究報告
http://www3.pref.nara.jp/doshasaigai/sabohoukoku/
6) 独立行政法人土木研究所土砂管理研究グループ火山・土石流チーム(2016)：深層崩壊の発生する恐れのある斜面抽出技術手法及びリスク評価手法に関する研究，土木研究所資料第4333号
7) 国土地理院「地理院地図」https://maps.gsi.go.jp/
8) 国土地理院「地図・空中写真閲覧サービス」
https://mapps.gsi.go.jp/maplibSearch.do

斜面崩壊がつくる地形を読み解く（3）

日本工営株式会社 畚野 匡　株式会社 荒谷建設コンサルタント 加藤 弘徳　明治コンサルタント株式会社 関場 清隆　国際航業株式会社 小野山 裕治

1. 深層崩壊の予兆となる地形の判読

1.1. 予兆となる微地形

深層崩壊が発生する斜面は，大抵の場合それに先行して重力変形（岩盤クリープ・岩盤のゆるみ）が進行していることが多い[1]。従って，重力変形を示唆する地形を読み取ることで，深層崩壊の予兆を捉えることができると考えられており，図-1の①～⑦に示す地形に着目して判読を行う[1]～[4]。

ただし，斜面全体に連続したすべり面があって土塊が継続的に動いている「地すべり」と異なり，重力変形はすべり面が連続しておらず（写真-1，図-1：断面図参照），

① 山頂緩斜面と遷急線（侵蝕前線の認識）
② 二重（多重）山稜，線状凹地，山向き小崖地形
③ 円弧状（眉状）クラック・滑落崖，頭部の緩斜面
④ 腕曲状河系（尾根の分離）
⑤ 不規則凹凸斜面・凸状尾根地形（岩盤クリープ斜面）
⑥ 斜面脚部の小崩壊（斜面脚部の不安定化）
⑦ 隣接斜面の深層崩壊跡地（斜面の履歴）

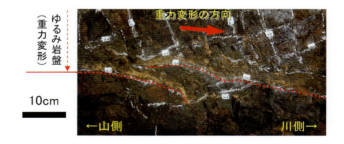

写真-1　重力変形底面に見られるすべり面の萌芽
出典：調査横坑内で筆者（畚野）撮影。雁行亀裂が連結しつつあるが，すべり変位は生じていない。

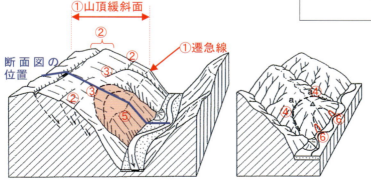

左図：大比高の急峻な谷壁斜面，谷頭斜面または侵蝕前線（1点破線）より上方の前輪廻地形に並流谷が発達し，主尾根に二重山稜が発達する．太破線の部分が崩落する可能性がある．
右図：尾根先端部の山脚（△印）を尾根の先端から抱えるような腕曲状河系（a）が発達する．太破線の部分が崩落する可能性がある．

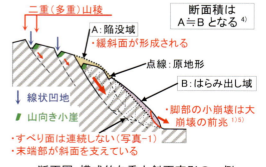

断面図：模式的な重力斜面変形の一例

図-1　深層崩壊の発生しやすい地形場と前兆現象
出典：鈴木隆介（2000）[2]に加筆

いまさら聞けない 地形判読 ⑰

変形の小さい斜面脚部が踏ん張って全体を支えている状態にある[1]。そして，降雨や地震をトリガーとして，一気に斜面全体が崩れ落ちると深層崩壊になる。それ故に，崩壊前の変形量（＝予兆となる地形）も微小なものとなり，必然的に判読の難易度も上がる。

1）二重（多重）山稜・線状凹地・山向き小崖地形

これらは，重力変形によって岩盤内に形成された大規模な開口割れ目の存在を示唆する地形である。写真-2に静岡県「赤崩」周辺の空中写真を示す。主稜線付近(B)には，稜線に並行する多重山稜（稜線間の狭長な凹地が線状凹地）が認められる。また，山腹斜面上(C)には並行する線状凹地群が見られ，左右には赤崩(A)と直線状の谷(D)が切れ込んでいる。A～D間は凸状尾根地形となっており，重力変形が進行していることが想定される。

が山体から分離していく過程を表している。また，斜面脚部の小崩壊(C)は深層崩壊発生の前兆である[5]。さらに，崩壊跡(A)は当該斜面の将来の姿を暗示している。なお，腕曲状河系で囲まれた範囲は「御嶽崩れ」より広く，その範囲が一気に崩壊するわけではないことが示されている。

1.2. LP地形図を活用した微地形判読

重力変形は微小な現象であるため，1/25,000地形図や空中写真で判読することが困難な場合も多い。

そのような場合には，微小な凹凸を捉えることができる航空レーザ測量(LP)地形図が威力を発揮する。LP地形図で抽出された微地形と，その内部構造が確認された例を示す（図-2，写真-4）。

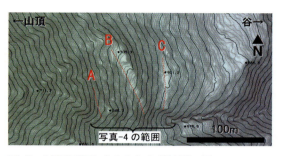

図-2　LP地形図にあらわれた微地形の例
出典：国際航業㈱作成LP地形図（エルザマップ）に加筆

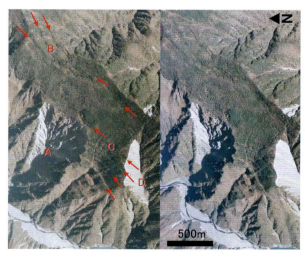

写真-2　静岡県赤崩における多重山稜・線状凹地
出典：1976年国土地理院撮影(CCB7615-C10B-21,22)[13]に加筆
赤矢印：線状凹地を示す。

2）腕曲状河系（水系）・斜面脚部の小崩壊

写真-3は，1984年長野県西部地震で発生した「御嶽崩れ」の空中写真である。腕曲状河系(D)は，尾根

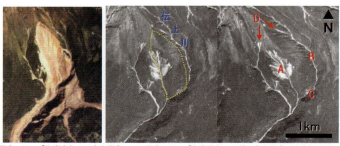

写真-3　長野県御嶽山伝上川上流の崩壊前後の空中写真
出典：国土地理院(2012)[14]に加筆。黄点線：御嶽崩れの範囲。

写真-4　重力斜面変形を示す微地形の内部構造
出典：筆者(奋野)撮影

Bは明瞭な線状凹地であり，角礫を充填する高角度の開口割れ目が切土法面に出現した。開口割れ目はV字型を呈しており，右側の岩塊は谷側に傾動している。

Aはわずかに傾斜が変化する遷緩線であり，切土により「ゆるみ岩盤」と「埋積された線状凹地」が出現した。

2. 深層崩壊の発生しやすい地形場の判読

降雨が原因の深層崩壊に比べて，地震による深層崩壊は，重力変形が進んでいない斜面が崩壊する例も多く，特に予兆が捉えにくい。地震原因の深層崩壊を予想する場合，崩壊が発生しやすい地形場・地形発達史を理解するため，広範囲の地形判読が必要となる。

2008年岩手・宮城内陸地震前後の空中写真（写真－5）を見比べてみよう。全体の地形を概観して地形場を把握できるように，広範囲の写真を示している。

新第三紀の凝灰岩類を基盤とし，第四紀の溶結凝灰岩が台地状の尾根地形をつくるキャップロック地形である。「湯浜」には円弧状クラックあるいは腕曲状河系（A）と小崩壊（B）が見られ，崩壊の予兆が読み取れるものの，全般的には植生が繁茂していることもあって線状凹地・小崩壊などは判然とせず，深層崩壊は予測し難い。しかしながら，河床から比高250～300mに及ぶ急斜面と，遷急線を介した山頂緩斜面（C）の存在から，当該斜面は侵蝕前線にあることがわかる。さらに，大規模な深層崩壊（D）・地すべり（E）が多数見られ，いずれ大規模な崩壊により山地が解体されていく過程にあることがわかる。

注目すべきは「相ノ沢」「湯ノ倉」で，凸状尾根の上部だけが吹っ飛んでいる（図－3）。軟質かつ粘土化しやすい凝灰岩中にすべり面が形成され，柱状節理が発達した積み木状の溶結凝灰岩が主に崩壊している。このような崩壊については，斜面脚部の小崩壊等を予兆として利用することはできない。キャップロック構造における地震動原因の崩壊パターンとして，周囲より突出した凸形尾根上部の崩壊も想定しておくべきであろう。

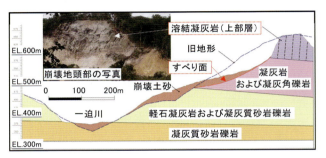

図－3　湯の倉地区の崩壊模式断面図。
出典：平成20年岩手宮城内陸地震4学協会東北合同調査委員会（2009）[6]に加筆，写真は筆者（畚野）撮影

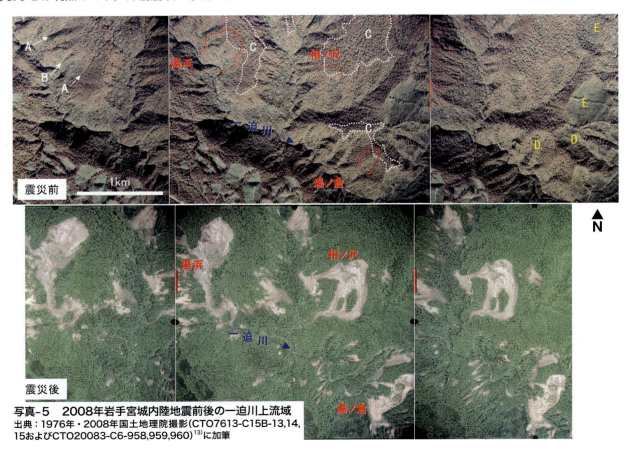

写真－5　2008年岩手宮城内陸地震前後の一迫川上流域
出典：1976年・2008年国土地理院撮影（CTO7613-C15B-13,14,15およびCTO20083-C6-958,959,960）[13]に加筆

3. 深層崩壊・重力変形に類似の地形

3.1. 類似の地形

深層崩壊や重力変形と，下記のような類似地形を識別するには，当該地域の地質・地形場も含めて微地形の成因や地形発達史を読み解くことが肝要である。

・深層崩壊跡地と類似した地形例と識別点：
　①地すべり（土塊が残っている）
　②氷河侵蝕地形（圏谷：後述）
　③半分崩れた火口（火山地域では留意する）

・重力変形と類似した地形例と留意点：
　①斜面上の緩斜面（隆起準平原，段丘面など）
　②単なる凸形の尾根地形（二重山稜などの有無）
　③火山など地質要因による地形（地質図の確認）

3.2. 深層崩壊？，氷河地形？

研究者達を惑わせた北アルプス蝶ヶ岳の地形を紹介する。氷河による侵蝕地形である圏谷（カール）は，日本アルプスや日高山脈等の高山に見られる馬蹄形凹地であり，谷底に氷堆石（モレーン）が存在する場合が多い。

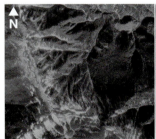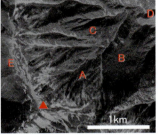

写真−6　長野県蝶ヶ岳東麓斜面
出典：1998年国土地理院撮影（CB983X-C2B-2,3）[13]

▲は2,677mの蝶ヶ岳ピークであり，標高から考えて最終氷期には氷河に覆われていた可能性が考えられる。Aは開析が進んだ馬蹄形の凹地であり，滑落崖あるいは圏谷崖と見られる。B，Cは凹凸のある緩傾斜の堆積地形であり，崩壊土砂あるいは氷堆石の可能性が考えられる。さらに下流のDにも緩傾斜の地形が認められる。

写真判読を駆使した研究により，これらの地形は10万年以上前に形成された圏谷（A）と氷堆石（B，C，D）であると主張されてきた[7]。ところが，最近の研究では，大規模な斜面崩壊地形と崩壊堆積物である[8]と言われている。地形判読のみでは判別が難しく，現地における詳細な堆積物調査も含めた総合判断が必須の地形なのである。

ちなみにEの稜線には，多重山稜が発達しており，以前は周氷河地形として紹介されていた[9]。現在では，西側（写真左側）への重力変形による地形と考えられている[10]。実は多重山稜自体，寒冷な高山に顕著に見られること等から，①風雪の侵蝕と凍結破砕によって稜線に割れ目が形成され融雪水が浸透して凹地が形成される[11]，②凍結破砕により生産された多量の岩屑上に土壌が重なり浸透水が洗蝕して凹地形ができる[9]等，寒冷気候下の地形[12]と言われてきたのである。多重山稜は重力変形を示す地形である，との共通認識が広まったのは比較的最近のことなのだ。

4. おわりに

深層崩壊の危険性がある斜面（≒重力変形）の抽出は，微小な地形の判読や，地形場を念頭に置いた判読が必要となり，地形判読技術の中では難易度が高い。

LP地形図等の数値地形図の活用，地形発達史を理解しながら将来の地形変化を予想した広範囲の地形判読，現地の微地形や地質の確認等，多角的かつ総合的な判断が必要不可欠である。

参考資料

1) 千木良雅弘(2015)：深層崩壊の場所の予測と今後の研究展開について，応用地質，第56巻，第5号，pp. 200-209
2) 鈴木隆介(2000)：建設技術者のための地形読図入門 第3巻 段丘・丘陵・山地，古今書院，pp. 803
3) 独立行政法人土木研究所土砂管理研究グループ火山・土石流チーム(2008)：深層崩壊の発生の恐れのある渓流抽出マニュアル(案)，土木研究所資料第4115号
4) 小坂英樹(2015)：バランス断面法による岩盤斜面の初生地すべり地形とその変位率，応用地質，第56巻，第5号，pp219-229．
5) 大丸裕武，村上亘(2013)：過去の写真から山地崩壊発生の前兆をつかむ，森林総合研究所，平成25年版　研究成果選集，pp44-45．
6) 平成20年岩手・宮城内陸地震4学協会東北合同調査委員会(2009)：平成20年(2008年)岩手・宮城内陸地震災害調査報告書，pp80．
7) 伊藤真人(1983)：北アルプス南部蝶ヶ岳付近の氷河地形と堆積段丘，地理学評論 56-1　35～49　1983
8) 富田国良・苅谷愛彦・佐藤 剛(2010)：大規模崩壊で形成された飛騨山脈南部蝶ヶ岳東面の圏谷状および堆積堤状の地形，第四紀研究，49，11-22．
9) 小林国夫(1955)：日本アルプスの自然，築地書館，pp270．
10) 法橋 亮，大塚 勉(2009)：飛騨山脈蝶ヶ岳に発達する多重山稜の地形・地質学的研究，信州大学環境科学年報，31号．
11) Paschinger, V. (1928): Untersuchungen über Doppelgrate Zeitsch. für Geomorph. 3 pp204～236
12) 桧垣大助(1977)：飯豊山地山稜部の地形について，東北地理，29，pp212～220．
13) 国土地理院「地図・空中写真閲覧サービス」
https://mapps.gsi.go.jp/maplibSearch.do#1
14) 国土地理院(2012)：1：25,000火山土地条件図解説書(御嶽山地区)，国土地理院技術資料D2-No.57．

火山地形を読み解く（1）

国際航業株式会社　西村　智博　　日本工営株式会社　畚野（ふごの）　匡　　アジア航測株式会社　藤田　浩司

1. 火山がつくる地形

　読者のみなさんは「火山」と聞いて何を連想するだろうか？　赤いマグマを噴き上げる噴火，火口からモクモクと立ち昇る噴煙，それとも地を這う溶岩流であろうか？
　火山の噴火には様々なタイプがあるが，模式的にまとめると図-1のようになる。

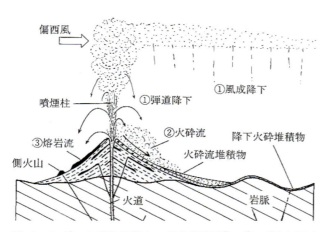

図-1　マグマの噴出状態と一般的順序（①→②→③）を示す模式図
出典：鈴木隆介（2004）[1]より一部抜粋

　初期には爆発的な噴火によって高度数千mの噴煙柱が立ち昇り，それに含まれるマグマや岩塊が火口周辺数kmの範囲に①弾道降下する。また，細かく破砕されたものは火山灰となって上空高く舞い上がり，風に流されて風下側の広範囲に①風成降下する。これらは降下火砕堆積物となって地表面に覆い被さる。噴煙柱として噴き上げるには大量すぎる，もしくは噴煙柱を噴き上げるほどの勢いがなくなってくると，噴煙柱が重力的な影響で崩れながら山腹を下方へ②火砕流となって流下し，火砕流原を形成する。さらに，爆発的な噴火を引き起こす火山ガスが減り，火口からマグマが直接流出するようになると，③溶岩流となって山腹を流れ下る。粘性の高い溶岩の場合は，火口周辺で溶岩ドームなどを形成する。
　このような噴火の繰り返しによって形成された成層火山は，重い溶岩と軽い火砕堆積物が交互に堆積するなど構造的に脆弱であるため，時には大規模な深層崩壊による火山岩屑なだれが発生し，馬蹄形カルデラや流れ山が形成される。また，次の噴火までの間や噴火活動の終了後に激しく侵食を受け，山腹には削剥地形，山麓には堆積地形が発達する[3]。溶岩流は比較的侵食に強く長期間原形をとどめるが，火砕流や火山灰の堆積面では堆積直後から表流水による侵食が始まり，多数のガリーや樹枝状に発達する箱状谷（両岸の側壁が切り立った溝状の谷）が形成されやすい。
　また，火山体周辺の地下構造に関連して形成された活断層などの変動地形や，火口やカルデラ，溶岩流・山体崩壊による谷の堰止によってできた凹地に水がたまり，火口湖やカルデラ湖，堰止湖が形成されることもある。
　このように，火山地域には，火山噴火や火山特有の地下構造による特殊な地形が多数形成されている（図-2，3，表-1）。なお，表-1の原典[1]では他にも多数の火山地形が紹介されているので，ぜひ参照してもらいたい。

いまさら聞けない **地形判読** ⑱

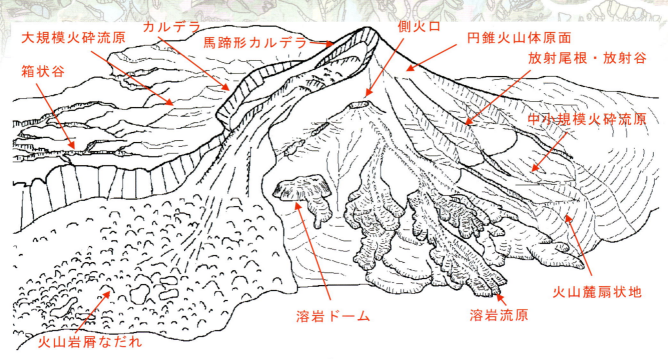

図-2 火山地域に発達する地形種の模式図(守屋以智雄(1983)[2])を参考として西村作成)

図-3 成層火山の削剥過程の概念図(経時的にA→B→Cのように変化する)
出典:平野昌繁(1993)[3]

表-1 火山地域に発達する地形種の分類

大分類	中分類		小分類(主なもの)
マグマ成定着地形 (正の火山地形)	単成火山地形	ベースサージ地形	マール,ベースサージ丘
		火山砕屑丘(火砕丘)	スコリア丘,軽石丘,スパッターコーン
		火砕流地形(火砕流原)	中小規模火砕流原,大規模火砕流原
		溶岩地形	溶岩流原,溶岩ドーム,火山岩尖,潜在ドーム
		火山岩屑なだれ	馬蹄形カルデラ,流れ山
	複成火山地形	成層火山	
マグマ成破壊地形 (負の火山地形)	破壊地形	火口	中心火口,側火口,割れ目火口
		カルデラ	陥没カルデラ,爆発カルデラ
		火山性構造盆地	
マグマ成残存地形	火山原面の残存地形	火山原面の断片	円錐火山体原面
		火山成段丘	溶岩流・火砕流・火山岩屑なだれ起源の段丘
非マグマ成の各種地形 (非火山成地形)	削剥地形および堆積地形	侵食地形	放射尾根(尾根線),放射谷(谷線),各種の侵食崖・侵食斜面
		堆積地形	火山麓扇状地,湖性低地
		集動地形	崖錐,崩落地形,地すべり地形,沖積錐
	変動地形	表層変動地形	火山体の荷重沈下地形
		広域的の変動地形	活断層地形,活褶曲地形
	湖沼	火山域内湖	火口湖,カルデラ湖,溶岩流原ないし火山岩屑なだれの凹地湖
		火山域外湖	火山性堰止湖

出典:鈴木隆介(2004)[1]を改変

69

2. 火山地形と非火山地形

2.1. 大局的に火山地形を見る

　図−4の上段には，北海道の道央から道南にかけての地域の陰影図と色別標高図を重ね合わせた図を示した。この図から，火山活動によって形成された火山地形と，その他の地形を読み分けてみよう。

　図に▲で示したところは，「概ね過去1万年以内に噴火した火山及び現在活発な噴気活動のある火山」として活火山に認定されているところである。また，△で示したものは活火山には認定されていないものの，地形および地質的に火山活動によってできたと考えられるものである。

　まずは▲で示した活火山の周辺に注目してほしい。それぞれの火山は山頂の火口を中心に同心円状に急峻な斜面に囲まれているが，火口から遠ざかるにつれて斜面が緩傾斜になり，いずれも広い裾野を持っていることがわかる。これらの山腹斜面や裾野の緩斜面には深い谷が少なく，周辺の地形に覆いかぶさるように形成されている。

　次に，△で示したやや古い火山について見てみよう。侵食・開析が進んでいるため，▲で示した活火山の周辺ほど明瞭ではないものの，活火山の周辺と同様，山頂を中心として同心円状に急峻な斜面が分布し，そこには放射状に谷が形成され，裾野には緩斜面が広がっている。

　周辺の印をつけていない非火山の山地では，直線的な谷や尾根が不規則に細かく発達し，火山地域の地形とは様相が異なるのがわかるだろうか？　札幌−千歳−苫小牧に広がる低地より東部（右側）の堆積岩類が分布する地域では，地層の走向・傾斜に規制された南北方向の主稜線とそれに直交する小さな谷の発達が顕著である。

2.2. 様々な火山のタイプ

　この地域でタイプの異なる火山をもう少し細かく見てみよう。図−4の中段および下段には，この地域の活火山の傾斜量図（傾斜が急な所ほど暗く見える）を示した。それぞれ縮尺が異なることにも注意しながら見てほしい。

A）羊蹄火山

　羊蹄火山は「蝦夷富士」と呼ばれるほど美しい山容を呈する成層火山である。傾斜量図を見ても，山頂にポッカリ開いた火口を中心に，同心円状に急斜面が形成され，火口から離れるにしたがって傾斜が緩くなっていくことがわかる。急斜面の部分には，放射状に尾根や谷が形成され，やや侵食が進んでいるように見える。南西側の山麓には，舌状の高まりが複数見られ，これらは溶岩流原の末端部であろう。山麓には広大な緩斜面が形成されており，火山麓扇状地であると考えられる。

B）恵庭火山

　恵庭火山は支笏カルデラの北西縁に形成された火山で，溶岩流地形が特徴的である。山頂の火口付近から四方へ舌状の地形が多数広がっており，かなり厚い（粘性が高い）溶岩流が流出した様子が読み取れる。溶岩流原の上面には溶岩じわが見られるものもあり，重なり方から溶岩流の新旧を判別することもできる。

　恵庭火山の発達によって北西側から流れ込む谷が閉塞され，火山性堰止湖であるオコタンペ湖が形成されている。オコタンペ湖は上流からの土砂によって埋積が進んでおり，いずれは埋没してしまうと考えられる。

C）樽前火山

　樽前火山は支笏カルデラの南端に形成された火山で，大きな火口（小カルデラ）とその周辺に形成された火山砕屑丘（軽石丘），さらにその外周に広がる火砕流地形（軽石流原）が特徴的である。火砕流地形はあまり開析が進んでいないため，全体的になだらかな起伏の地形面となっている。火口の南側斜面では，一部ガリー侵食が始まり，下流側では箱状谷が形成されている。

　なお，1909年の活動によって形成された[2]とされる溶岩ドームが火口の中心に見られる。

D）支笏カルデラ

　縮尺をぐっと小さくしてみると，恵庭火山や樽前火山は支笏カルデラの縁にできた火山であることがわかる。支笏カルデラは大規模な軽石の噴出によって形成された直径14kmのカルデラで，水がたまり，カルデラ湖となっている。カルデラの東側には約30kmにわたってなだらかな火砕流地形が形成されているが，侵食が進んでおり，樹枝状の箱状谷が多数形成されている。樽前火山による比較的新しい火砕流地形とは侵食の程度が異なるため，双方の火砕流地形の地形面区分が可能である。

参考資料

1）鈴木隆介（2004）「建設技術者のための地形図読図入門　第4巻　火山・変動地形と応用読図」，古今書院.

2）守屋以智雄（1983）「日本の火山地形」，東京大学出版会.

3）平野昌繁（1993）地形発達史と土砂移動：小橋澄治編「山地保全学」，文永堂出版.

4）国土地理院：地理院地図.

いまさら聞けない **地形判読** ⑱

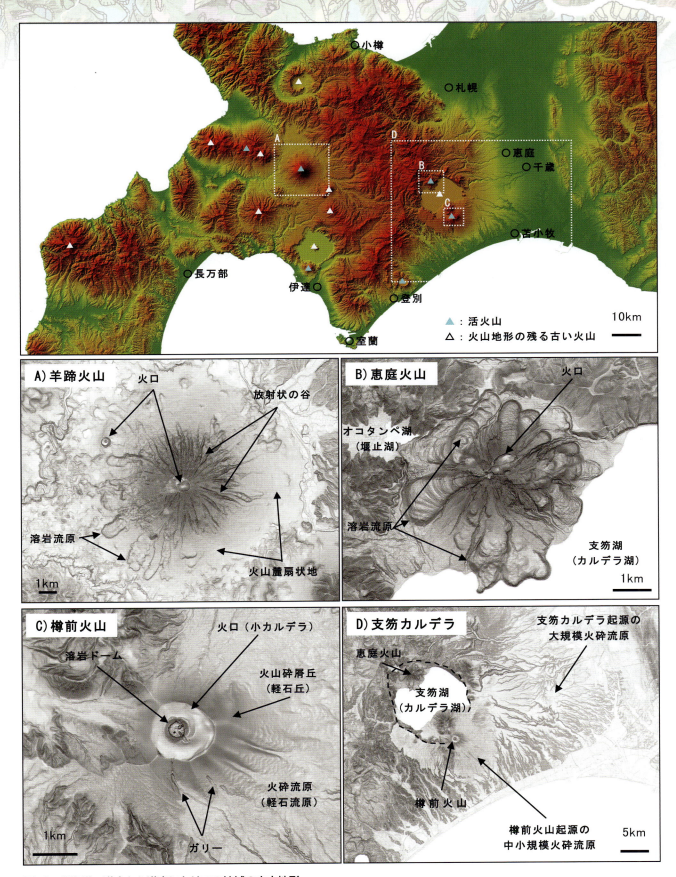

図-4 北海道・道央から道南にかけての地域の火山地形
出典：地理院地図[4]（上段：陰影図＋色別標高図，中・下段：傾斜量図）に解説を加筆

火山地形を読み解く（2）

日本工営株式会社　畚野 匡　アジア航測株式会社　藤田 浩司　国際航業株式会社　西村 智博

1. 火山の地形判読の基本

　火山活動は，通常の隆起・侵食・堆積作用と比べて，噴火の度にローカルで変化に富む地形を短期間につくり出すことが特徴であり，地形判読にあたっては多種多様な噴火現象による堆積・崩壊・侵食の歴史（新旧関係）を考えながら取り組むことがポイントとなる。
　図-1に火山地形の新旧判別の例[1]を示す。

2. 鳥海山を例に火山地形を読み解く

　秋田・山形県境の大型成層火山である鳥海山を例に，典型的な火山地形の判読をしてみよう。

写真-1　東から見た鳥海山
出典：筆者（畚野）撮影。

2.1. 鳥海山全体の地形（新旧の地形判読図）

　図-2・図-3に鳥海山全体の新旧の立体地形図を示す。
　図-2は火山地形判読の第一人者である守屋先生による地形分類図である。空中写真と1/25,000地形図の判読に基づいて作成された図であり，地形の成因や新旧関係が理解しやすい絶妙なタッチはまさに名人技である。
　図-3は，国土地理院ウェブサイトで誰でも簡単につくることができる立体地形図である。無数の溶岩流，山頂部の馬蹄形カルデラ，北方山麓の流山地形などが見て

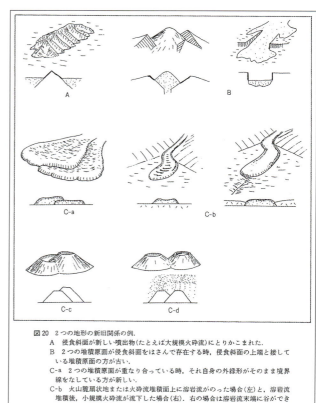

図20　2つの地形の新旧関係の例．
　A　侵食斜面が新しい噴出物（たとえば大規模火砕流）にとりかこまれた．
　B　2つの堆積原面が侵食斜面をはさんで存在する時，侵食斜面の上端と接している堆積原面の方が古い．
　C-a　2つの堆積原面が重なり合っている時，それ自身の外縁形がそのまま境界線をなしている方が新しい．
　C-b　火山麓扇状地または火砕流堆積面上に溶岩流がのった場合（左）と，溶岩流堆積後，小規模火砕流が流下した場合（右）．右の場合は溶岩流末端に谷ができる．そして溶岩流上のしわがみえない．
　C-c　2つの火砕丘のうち，火口を半分埋められた方が古い．
　C-d　2つの火砕丘のうち，降下火砕物におおわれ，火口縁が丸みを帯びている方が古い．

図-1　2つの地形の新旧関係の例
出典：守屋以智雄（1983）[1]

取れる。また，放射状に広がるなだらかな火山地形と，東～南東エリアに見られる樹枝状の水系が発達する基盤岩山地とのコントラストも明瞭である。

2.2. 西麓の地形；典型的な溶岩流

　火山地形の代表的なものとして，最初に模式的な溶岩

いまさら聞けない **地形判読** ⑲

成層火山体表面のほとんどは溶岩流により構成されている．1．新期溶岩流（幅広く薄い）；2．河成面；3．地すべり地形；4．流れ山；5．断層崖；6．古期溶岩流（幅広く厚い）；7．火砕流？堆積面；8．円錐火山体原面

図-2　鳥海火山の地形分類図（守屋原図）
出典：中野　俊・土谷信之（1992）[2]

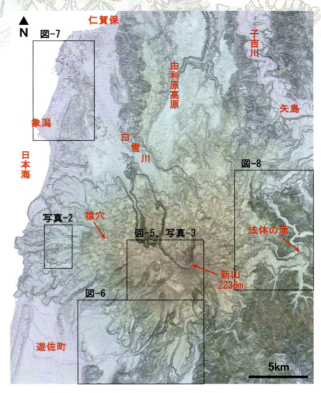

図-3　鳥海山の色別標高図，背景は傾斜量図
出典：地理院地図[6]に加筆。

流がつくる地形（図-4[3]参照）を見てみよう。

　写真-2に，西麓の側火口「猿穴」から約3000年前に噴出した新しい安山岩溶岩流「猿穴溶岩[2)4)]」の中下流部を示す。溶岩は2条に分岐しながら写真右から左へ流れ，比高50～70mに及ぶ「溶岩末端崖・溶岩側端崖」を輪郭とする2つの舌状の台地地形（A・B）をつくっている。ここで流れが止まったBには，流れの方向にほぼ直交し，下流に向けて湾曲する「溶岩ジワ」が発達する。Aはさらに下流まで流れたため，溶岩流の両サイドの細長い「溶岩堤防」や「溶岩条溝」が顕著に見られる。

　これらの微地形は，風化・侵食や新しい火山灰の被覆，植生の繁茂により徐々に不明瞭になっていくことから，溶岩の新旧判定の指標となる。少し古い時代の溶岩：Cには比高・波長の大きな「溶岩ジワ」が残存しているが，さらに古い時代の溶岩：Dの微地形はほとんど読み取れない。

2.3. 山頂部の地形；馬蹄形カルデラと無数の溶岩流・溶岩ドーム，重力性の断層

　山頂部は見どころ満載である（図-5・写真-3）。

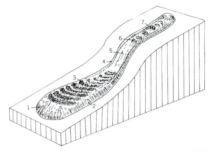

図-4 安山岩質溶岩流の模式的スケッチ
出典：守屋以智雄（1984）[3]

図8　安山岩質溶岩流の模式的スケッチ．1．溶岩末端崖　2．溶岩側端崖　3．溶岩じわ　4．溶岩堤防　5．溶岩条溝　6．溶岩滑落ブロック　7．溶岩滑落崖

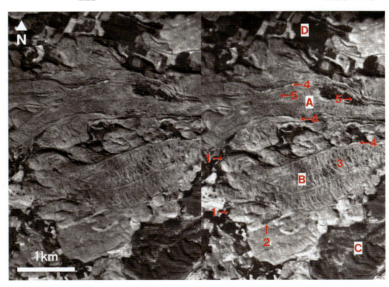

写真-2　猿穴溶岩の空中写真
出典：1952年米軍撮影（M11-3-2-4,5）[7]に加筆
数字は図-4に対応。

北に開いた「東鳥海馬蹄形カルデラ[2)4)]」がシャープな急崖を形成している。これは紀元前466年の新しい山体崩壊跡[4)]であり，内部にはさらに新規の（微地形の明瞭な）溶岩流が多数積み重なっているのが読み取れる。その一部は西暦871年噴火の溶岩と言われており，山頂部の新山：Aは西暦1801年に形成された溶岩ドームである[2)4)]。

　南西側には，「西鳥海馬蹄形カルデラ[2)4)]」が存在している。カルデラ縁がやや丸みを帯びていること，東鳥海からの溶岩流：Bが流れ込んでいること等から，古い崩壊地形であることが読み取れる。その内部には凸型の溶岩ドーム：Cや，円形凹地である火口：Dが見られ，南西には溶岩堤防の明瞭な溶岩流：Eが流下している。

　さらに，西側〜南側斜面には，西北西－東南東方向に延びる断層群：Fが見られ，溶岩流：Gやカルデラ縁に変位を与えている。これらのほとんどは北落ちの正断層であり，変位量のわりに延長が短く，火山に特有に見られる重力性の断層と考えられている[2)4)]。

2.4. 南西麓の地形；火砕流・土石流

　南西麓には火砕流等による平坦地形が見られる（図−6）。
　Aには傾斜5°の平坦な火砕流台地[2)4)]が見られる。中央部に河川侵食による箱状谷：Bが形成され，東縁部から地すべり：Cによって火砕流台地が削られつつある。

　Dには，E付近を扇頂とする火山麓扇状地が見られる。Eの山側にかつて存在した谷からの土石流等が堆積した地形であるが，溶岩ジワの明瞭な新しい溶岩流：Fに被覆されて成長が止まったように見える。なお，東側隆起の断層：Gが扇状地面を変位させている[2)4)]。

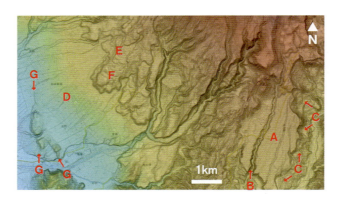

図−6　鳥海山南西麓の色別標高図，背景は傾斜量図
出典：地理院地図[6)]に加筆。

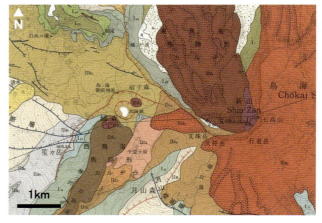

図−5（a）　鳥海山山頂部の色別標高図，背景は傾斜量図
出典：地理院地図[6)]に加筆。

図−5（b）　鳥海山山頂部の地質図
出典：中野俊・土屋信之（1992）[2)]。

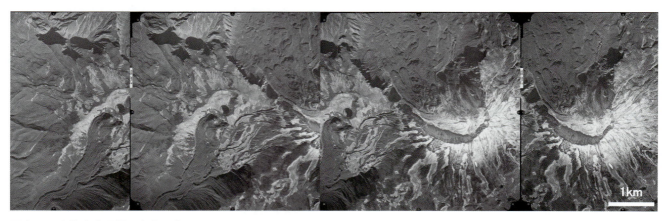

写真−3　鳥海山山頂部の空中写真
出典：2004年国土地理院撮影（MTO 2004 3X-C3-3〜6）[7)]に加筆。

2.5. 北西麓の地形；山体崩壊による流れ山

北西麓には，前述の「東鳥海馬蹄形カルデラ」を崩壊源とする岩屑なだれが24km下流まで到達[2)4)]しており，特徴的な「流れ山地形」が無数に認められる（図-7）。

象潟では日本海に突っ込んだ流れ山が九十九島と呼ばれる多島海を形成し，その後潟湖（旧象潟湖[5)]）となった姿は「東の松島，西の象潟」とよばれる景勝地として知られていた。残念ながら，1804年の象潟地震の際に2mほど隆起[5)]して陸地になってしまい，今では水田の中に小丘が点在する景色からのみ往時をしのぶことができる。

2.6. 東麓の地形；河川の堰き止め

火山には湖がつきものであり，鳥海山東麓にも火山噴出物による河川の堰き止め地形が多数見られる（図-8）。

厚い溶岩流：Aにより堰止湖：Bが生じ，その後硬い溶岩を穿ち落差約50mの「法体の滝」ができ，越流・排水した結果，湖→湿原→谷底低地になったものと考えられる。

また，南東→北西方向に流れる子吉川が，山体崩壊堆積物等：Cによって度々堰き止められたことにより，河道が90°屈曲したうえに上流域には平坦な谷底地形：Dが形成されており，かつては湖が存在していたことが想定される。現在，E地点に「鳥海ダム」の建設が計画されており，人の手によって再び湖が出現することになる。

3. おわりに

火山地形は，一般的な重力や水の作用によって日常的かつ長期にわたって継続的に進行する侵食・堆積による地形と異なり，噴火現象というダイナミックな地形形成作用により形づくられている。高温のマグマが粘性流体として地表に流れ出て冷却・固結しながら地形をつくるという非日常的な現象や，巨大崩壊による長距離土砂移動，河川の流れを無理やり遮断して湖をつくる等，既存の地形を瞬時に破壊して新しい地形（地形場）に変えてしまうような地形営力が，火山の魅力である。

空中写真やデジタル地形図を活用し，過去の噴火現象を想像しながら，地形判読に挑戦してみよう。

参考資料

1) 守屋以智雄(1983)：日本の火山地形，東京大学出版会．
2) 中野 俊・土谷信之(1992)：地域地質研究報告　5万分の1地質図幅「鳥海山及び吹浦地域の地質」，地質調査所．
3) 守屋以智雄(1984)：空中写真による日本の火山地形，日本火山学会編，東京大学出版会．
4) 中野 俊(2015)：詳細火山データ集，鳥海火山，日本の火山，産総研地質調査総合センター．
(https://gbank.gsj.jp/volcano/Act_Vol/chokaisan/index.html)
5) 平野信一・中田 高・今泉俊文(1979)：象潟地震(1804)に伴う地殻変動，第四紀研究，18(1)．
6) 国土地理院「地理院地図」http://maps.gsi.go.jp/#5/36.104611/140.084556/&base=std&ls=std&disp=1&vs=c1j0h0k0l0u0t0z0r0s0f1
7) 国土地理院「地図・空中写真閲覧サービス」https://mapps.gsi.go.jp/maplibSearch.do#1
8) 国土交通省東北地方整備局鳥海ダム工事事務所HP
(http://www.thr.mlit.go.jp/chokai/)

I．象潟地震前に陸上であった部分：1．丘陵地および山地，2．泥流丘，3．地震前に陸上であった平坦面，4．地震前に形成されていた浜堤および砂丘，5．かつて湖域であったが河成作用で埋積された地域および沖積錐，6．小崖
II．地震後陸化した部分：7．象潟湖底面，8．堤間低地，9．旧汀線および湖岸線（破線部は推定線），10．離水礫浜，11．地震後形成された浜堤および砂丘，12．陸封された沼および池，13．人工平坦面．

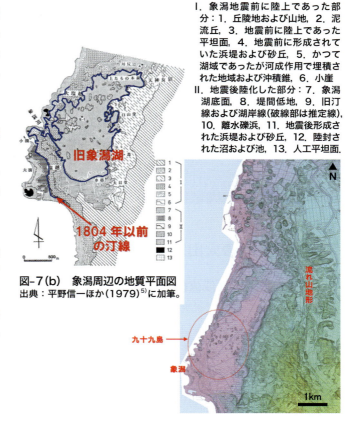

図-7(b)　象潟周辺の地質平面図
出典：平野信一ほか(1979)[5)]に加筆．

図-7(a)　鳥海山北西麓の色別標高図，背景は傾斜量図
出典：地理院地図[6)]に加筆．

図-8(b)　鳥海ダム完成イメージ
出典：鳥海ダム工事事務所HP[8)]

図-8(a)　鳥海山東麓の色別標高図，背景は傾斜量図
出典：地理院地図[6)]に加筆．

火山地形を読み解く（3）

アジア航測株式会社　藤田 浩司　　国際航業株式会社　西村 智博　　日本工営株式会社　箆野（ふごの） 匡

1. 単成火山の火山地形

1.1. 単成火山と複成火山

　これまで2回の連載で説明したように，火山の大多数は同じ火口や比較的近い火口から何度も噴火を繰り返し，まとまった一つの火山体を形成したものである。このような火山を複成火山と呼んでいる。一方，毎回違う火口から噴火する火山もあり，このような火山は単成火山と呼ばれている。

　単成火山（群）は，特殊な応力場で形成されるとされており[1]，日本ではそのような応力場となる場所は少ない。気象庁が2017年6月現在で活火山に指定している活火山は日本に111あるが[2]，このうち単成火山群として指定されているのは，伊豆東部火山群（静岡県），阿武火山群（山口県），福江火山群（長崎県）の3火山のみである。

1.2. 単成火山が作る地形

　単成火山の噴出物は，量的な違いはあっても複成火山と違いはないが，それぞれの噴出物が複成火山のように積み重なることがない（少ない）ため，周囲より飛び抜けて高い地形（火山体）になることは少ない。

1.3. 阿武火山群の地形

　単成火山群の地形として，山口県北部に噴出物が分布する阿武火山群を紹介しよう。阿武火山群は，萩市街地の東～北方の，東西約40km，南北約25kmの範囲に位置し，40以上の噴出口が確認されている[3]（図-1）。火山群としての活動は200万年前ごろから始まり[3]，最新の噴火は，萩市街地の北方3kmに位置する笠山で8,800年前頃に発生したと考えられている[4]。

　阿武火山群の地形的な特徴として，

① 噴出物の平面的な分布に偏りが少ない
② 海域にも，陸上と同じ地形を示す島が点在している
③ 玄武岩からなる溶岩流は，比較的広い範囲に分布し，流動性が高いため谷に沿って流れている場合がある
④ 安山岩～デイサイト質の溶岩流は，中央部は緩やかな傾斜であるが，周辺部（側端や末端部）は急傾斜となっている
⑤ 噴出年代の違いが地形の開析状況の違い（後述）となって現れている
⑥ 火山の分布域は比較的なだらかな地形であり，周辺部の非火山性地域の地形すなわち痩せ尾根や深い谷が形成されているのとは対照的である

等がある。

　最新の噴火地点である笠山付近を，図-2中に拡大図として示したが，ここでは表面に凹凸が多い溶岩流の上部に，山頂付近が平らで火口をもつ円錐形をした火砕丘が形成されているのが確認できる。さらに，火山群中には，厚さの違う溶岩流や溶岩ドーム，火砕丘といった他の火山地域でも普通に確認できる地形を判読することができる。

　このように単成火山群は，1回の噴火で噴出した堆積物が，その後の噴出物に覆われることが少ないため，火山地形の判読を行いやすい場所であるといえる。

いまさら聞けない **地形判読 ⑳**

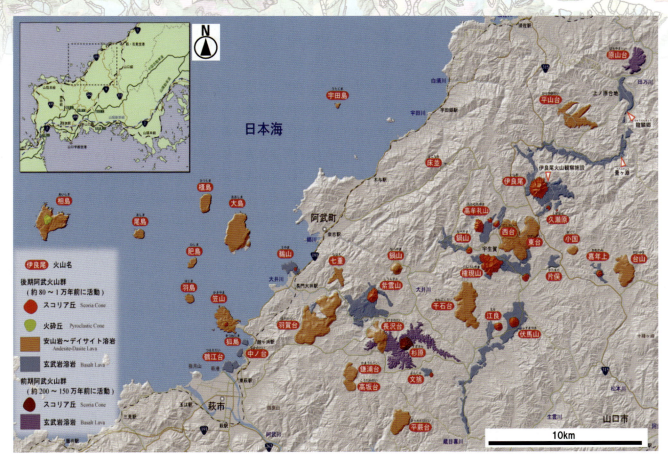

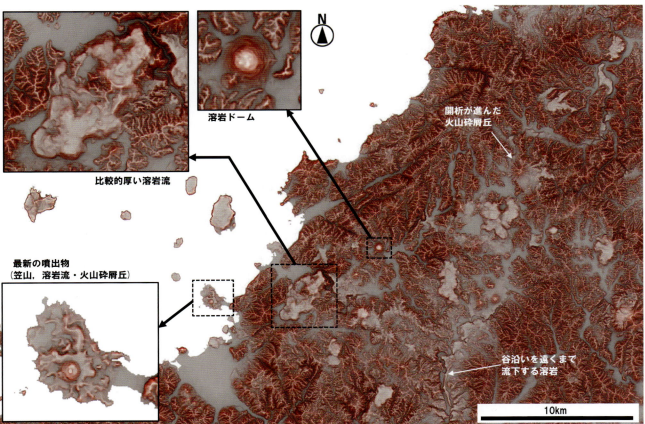

（上図）図-1　阿武火山群の噴出物　出典：日本活火山総覧（第4版）Web掲載版[4]を一部改編
（下図）図-2　阿武火山群の地形（赤色立体地図）出典：地理院地図[8]に加筆

2. 火山で見られる開析地形

火山では，噴火により火砕物や溶岩流・火砕流が噴出・堆積した直後から侵食による開析が始まるといっても過言ではない。火山の開析は，堆積物が高い高度に存在していることで降雨や凍結融解等による侵食を受けやすいことや，噴出物が厚く重力的に不安定なため，地すべりや崩壊が発生しやすいことが要因と考えられる。ここでは，火山が開析されていく過程で見られる地形を紹介する。

2.1. 地すべりや崩壊による開析

図-3は，山形県の中央部に位置する肘折火山を赤色立体地図と傾斜量図の合成図で示したものである。肘折火山には，今から10,000年前頃の噴火で堆積した火砕流とその時に形成されたカルデラがあり，活火山に指定されている[5]。カルデラの大きさは，内径が約2km，外径が約3km，カルデラ壁の比高は約200mであり，火砕流による台地がカルデラの南方数kmと北方約8kmにかけて分布している[5]。

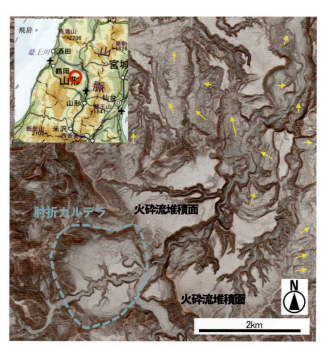

図-3 肘折火山周辺の地理院地図による赤色立体地図と傾斜量図の合成図（主な地すべりの移動方向を矢印で示している）
出典：国土地理院（http://maps.gsi.go.jp）に加筆

図-3を見ると，カルデラ周辺（特に北東側）に火砕流の堆積によって形成された平坦面を判読することができる。この付近に堆積する火砕流は，非固結であることに加えて厚さが100m以上もあり，重力的に不安定になっている。厚い非固結の火砕流堆積物が分布しているということで，火砕流堆積域では河川によるガリー状の侵食が始まっており，河川の流路周辺には小規模な崩壊地形も分布している。広範囲で地すべりも多数発生しており，土砂移動現象により噴出物の開析が始まっていることが判読できる。なお，当該地域では，火砕流堆積直前に基盤の第三紀層に岩盤すべりが発生していたと考えられている。その地すべりを火砕流堆積物が被覆したことで一時的に安定化したものの，火砕流堆積物の末端が侵食されて再び地すべりが動き出していると考えられている[6]。図-3には，主な地すべりの移動方向を矢印で示しているが，複数の地すべりが影響し複雑な地形となっている。地すべりの外形や表面の微地形が判読できるだろうか。

2.2. 噴出物の年代による開析の違い

火山の噴出物は，地表にさらされている時間の長さに応じて地形の開析状況に違いが見られることが予想される。

図-4は，長野県北部の飯縄火山〜妙高火山周辺の地形と地質を示したものである。産業技術総合研究所の第四紀火山データ集によると，各火山の活動時期は，飯縄火山：約34万〜15万年前，黒姫火山：約25万〜5万年前，妙高火山：約30万〜1,600年前頃とされており[7]，図-4に示した地質図を見ても，各火山の形成年代に沿った堆積物が分布する表現となっている。

各火山の地形を比較すると，新しい時期の噴出物が分布している妙高火山や黒姫火山では，溶岩流の外形や表面地形，山体崩壊に伴う馬蹄形の急崖が崩壊地形として良く残っており，山麓に広がっている火山麓扇状地の侵食も明瞭ではない。一方，噴出物の年代が古い飯縄火山では，個々の溶岩流等の噴出物を判読できるような地形は残っていない。さらに，飯縄火山では妙高火山や黒姫火山ではあまり見られない，山頂付近を中心とした深い放射状の侵食谷が数多く見られることや，山麓部に広い火山麓扇状地が形成されていることも特徴的である。

このように，降雨や降雪，気温といった気象条件や噴出物の種類や火山の規模が似ている火山を比較した場合，必ずしも絶対ではないが，開析が進んでいる火山（あるいは開析が進んでいる地域）が他の火山（他の地域）より噴出年代が古い可能性が高いと考えられる。

3. おわりに

これまで3回に分けて説明したが，火山地形には火山

いまさら聞けない 地形判読 ⑳

図-4　長野県北部妙高火山～飯縄火山付近の地形(左図)および地質図(右図)
出典：(左図)地理院地図[8]の色別標高図と傾斜量図に加筆
　　　(右図)日本シームレス地質図[9]に加筆

が噴火活動によって成長していく過程で作られる地形と，噴火活動が終了し，侵食や崩壊等で開析が進んでいく段階で作られる地形とが共存している。

　火山周辺の地形判読を進める場合には，火砕丘や溶岩流といった火山特有の地形について判読を進めていくだけでなく，火山活動とは直接関係しない崩壊や地すべりに伴う地形など，侵食地形の形成状況にも目を向けることで，火山の形成から開析までを含めた火山の一生を総合的に理解できるのではないだろうか。

参考資料

1) 高田(1992)：割れ目系によるマグマ輸送と地殻応力場，日本火山学会1992年秋季大会講演予稿集，180
2) 活火山とは，気象庁ＨＰ，http://www.data.jma.go.jp/svd/vois/data/tokyo/SSTOC/kaisetsu/katsukazan_toha/katsukazan_toha.html
3) 角縁進ほか(2002)：阿武単成火山群のK-Ar年代とマグマ活動史，岩石鉱物科学29,191-198
4) 日本活火山総覧(第4版)Web掲載版 阿武火山群，http://www.data.jma.go.jp/svd/vois/data/tokyo/STOCK/souran/main/80_Abu_Volcanoes.pdf
5) 日本活火山総覧(第4版)Web掲載版 肘折，http://www.data.jma.go.jp/svd/vois/data/tokyo/STOCK/souran/main/32_Hijiori.pdf
6) 阿部ほか(2002)：東北地方における第四紀火山周辺の地すべりの発達－山形県肘折カルデラ周辺を例として－，地すべり，38, No.4
7) 第四紀火山データ集，産総研ＨＰ，https://gbank.gsj.jp/volcano/Quat_Vol/index.html
8) 国土地理院「地理院地図」http://maps.gsj.jp
9) 産総研地質調査総合センター「日本シームレス地質図」https://gbank.gsj.jp/seamless/v2full

断層地形を読み解く（1）

復建調査設計株式会社　高田　圭太　　株式会社パスコ　小俣　雅志

1. 2016年熊本地震

　2016年に発生した熊本地震（M_w7.0）では，それまでの調査で"活断層として認識されていた"布田川断層および日奈久断層北部の全長約34kmの間で地表地震断層が確認され[1]（図-1），益城町堂園において最大2.2mの右横ずれ変位が生じた（図-2）。この地震により，益城町を中心に強い揺れが観測され，家屋の倒壊や斜面崩壊により大きな被害をもたらし，活断層で発生する地震の脅威を改めて知らしめることになった。

　わが国では，1995年兵庫県南部地震を契機に，活断層が大地震の震源として認識され，同年に制定された地震防災対策特別措置法に基づき，地震調査研究推進本部によって全国で100余りの主要活断層の調査が進められてきた。2016年の地震は，断層長や変位量，地震の規模において，活断層調査にもとづく想定とほぼ一致するものであったと考えられている。

図-2　熊本地震で益城町堂園に生じた右横ずれ変位

　それでは，熊本地震の震源となった布田川断層および日奈久断層はどのようにして"活断層として認識されていた"のだろうか。その分布を知るための基本的な手法のひとつが地形判読に基づく調査である。では，どのような地形に着目すればよいのだろうか。

2. 断層地形とは？

2.1. 断層に関連する地形種

　断層とは地下の岩盤がずれ動くことで生じた地質構造の不連続であり，このような地質構造を反映して形成される地形を総じて断層地形と呼んでいる。このうち，活断層のずれが地表付近に達して，地表面が切断されたり，周囲の地形が変位（変形）して形成された地形種が断層変位地形である。一方で，断層周辺の岩盤は破砕されて脆いため，差別削剥を受けて特異な地形種を生じることがある。このように断層（断層破砕帯）の存在に起因する差

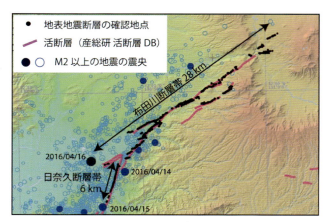

図-1　既知の活断層と熊本地震で生じた地表地震断層
出典：地質調査総合センター（2016）[1]より抜粋・加筆

表-1 断層に関連する特徴的な地形種　出典：鈴木隆介(2004)[2]をもとに作成

	縦ずれ断層変位地形	横ずれ断層変位地形	断層削剝地形
急崖と急斜面	撓曲崖, 低断層崖, 断層崖(縦ずれ断層崖), 三角末端面, 逆向き低断層崖	断層崖(横ずれ断層崖), 三角末端面	断層線崖　再従断層線崖　逆従断層線崖
谷, 凹地と鞍部	断層谷, 断層鞍部, 地溝, 小地溝, 断層凹地, 断層陥没, 断層湖, 断層池, 断層角盆地, 先行谷, 載頭谷, 風隙(谷中分水界)	横ずれ谷(オフセット), 断層鞍部, 横ずれ断層谷, 断層楔状凹地, 閉塞凹地, 断層湖, 断層角盆地, 先行谷, 載頭谷, 風隙(谷中分水界)	断層線谷, 断層線鞍部列, 接頭直線谷, 十字直線谷, 谷中分水界, リニアメント
尾根, 小突起 分離丘陵と地塊	地塁, 小地塁, ふくらみ, 圧縮尾根, 断層突起, 尾根遷急点, 断層地塊山地, 傾動地塊山地	横ずれ尾根(オフセット), 段丘崖・山麓線のくいちがい 閉塞丘, 断層分離丘 楔状断層地塊	尾根遷緩点列
堆積地形	崖錐, 沖積錐, 合流扇状地	崖錐, 沖積錐, 合流扇状地	

別削剝で生じる地形種は断層削剝地形と呼び，断層変位地形と区別している(表-1)。

2.2. 断層の縦ずれと横ずれ

断層の性質のうち，その変位を理解するうえで基本となるのが断層の移動方向である。断層の移動方向は，大まかには縦(上下)ずれ成分と横(水平)ずれ成分からなり，その向きとあわせて以下の4種に区分される(図-3)。
①正断層　断層面に対して上盤が下がり，下盤が上がる
②逆断層　断層面に対して上盤が上がり，下盤が下がる
③左横ずれ断層　断層の手前に対して反対側が左に移動
④右横ずれ断層　断層の手前に対して反対側が右に移動

ただし，実際の断層の動きは縦ずれ成分と横ずれ成分の両方を有するのが一般的である。例えば，先に述べた熊本地震では，右横ずれが卓越するが正断層成分を伴う断層変位が生じたと考えられている。

2.3. 縦ずれ断層に特徴的な断層変位地形

正断層や逆断層といった縦ずれ断層では，地盤が上下にずれるため，高度差(崖)を伴う地形が特徴的に現れる(図-4)。縦ずれの活断層が沖積低地や段丘面のように平坦な地形を変位させると断層崖(低断層崖，図-4のC)や撓曲崖(図-4のA)といった地形が形成される。撓曲崖とは，地表付近の未固結堆積物が剪断変形せず，地下の断層の動きによって撓むように変形して形成される地形を指す。また，活断層が山麓に位置する場合，長期間にわたる断層変位の繰り返しにより尾根の先端を切り落としたような急崖が残される。このような急崖を三角末端面と呼び，断層に沿って連続的に発達して特徴的な山麓線をなすことが多い(図-4のB)。

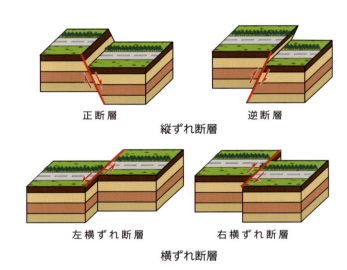

図-3　基本的な断層の模式図(活断層の場合)

2.4. 横ずれ断層に特徴的な断層変位地形

横ずれの活断層では地盤が水平方向にずれるため，直線状あるいは緩やかに湾曲しているはずの尾根や谷，段丘崖といった地形界線がクランク状に屈曲して，くいちがい(オフセット)を生じる(図-6，図-7)。また，横ずれ断層変位の結果として，断層沿いには断層鞍部(図-6のF)や直線的な断層谷(図-6のH)，切断された尾根の末端が低地に島状の丘陵となって取り残された断層分離丘，断層分離丘が隣接する河谷を閉塞するように位置する閉塞丘(図-6のI)などが見られることがある。

横ずれ断層では，しばしば地表の断層線が分岐したり，不連続に乗り移ったりすることがある。このような場合，断層に沿ってふくらみや落ち込み(小地溝)のような地形を伴う(図-6のEやG)。なお，階段状に発達する河岸段

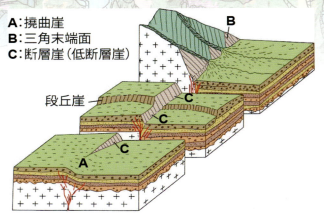

図-4 縦ずれの活断層にみられる主な地形種
出典：活断層研究会編(1991)[3]に着色

A：撓曲崖
B：三角末端面
C：断層崖(低断層崖)

図-5 2016年長野県北部地震で生じた地震断層崖

丘を横切る場合などは，横ずれ断層であっても見かけ上の崖地形(低断層崖)が現れることもある(図-6のC)。

2.5. 断層削剥地形 －地質学的な弱線－

断層変位地形が断層運動そのものを初生的な成因(営力)とするのに対して，断層削剥地形は断層や断層破砕帯が差別削剥されることで形成される侵食地形である。これらは，現在は活動していない古い断層の存在に起因しているケースが多い。線状に連なる崖線(断層線崖)や谷(断層線谷)，鞍部列のように断層削剥地形は地形的なリニアメントによって特徴付けられるが，リニアメントは変位が不明瞭な断層変位地形の場合もあるので，地形の認定に注意が必要である。このような断層削剥地形の存在は，地質境界や周囲と比べて脆い岩盤からなるといった，建設技術的に注意すべき地質条件を示唆する。

3. 断層地形から何がわかるか

断層変位地形の分布は，将来その場所で活断層を伴う内陸直下型の大地震が起こる可能性があることを示す。活断層で地震が発生した場合，地盤の変位・変形および強い地震動の発生が想定されるため，原子力関連施設やダムのような重要施設では，断層による変位・変形を避けることを原則としている。そのほか，鉄道構造物や新幹線トンネル，橋梁，上下水道，石油パイプライン等の土木構造物では，それぞれの指針・基準においてその取り扱いが規定されている(塩﨑ほか，2018[4])。しかし，いずれも線状の構造物が主体であることから活断層を完全に避けることは不可能であるため，なるべく断層を回避する等の基本的な対策に加えて，構造的な補強によるハード対策や代替ルートの確保等のソフト対策によって

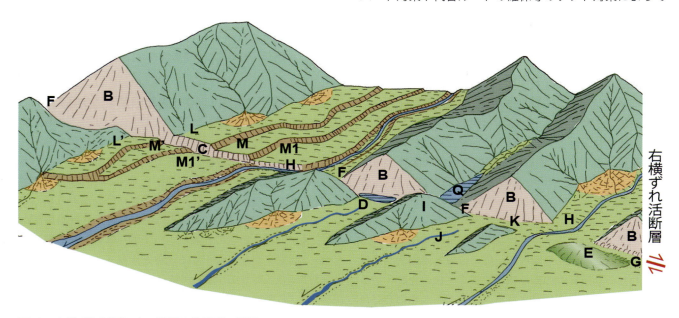

図-6 右横ずれ断層による断層変位地形の諸相
出典：活断層研究会編(1991)[3]に着色
B：三角末端面，C：低断層崖，D：断層池，E：ふくらみ，F：断層鞍部，G：地溝，H：横ずれ谷，I：閉塞丘，J：載頭谷，K：風隙，L-L'：山麓線のくいちがい，M-M'：段丘崖のくいちがい，Q：堰止性の池

 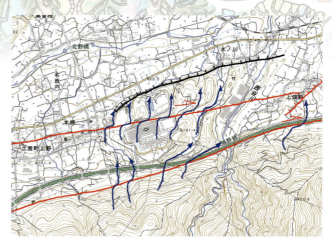

図-7　横ずれによる河谷の屈曲
出典：(左図)1966年国土地理院撮影(SI-66-5Y C2-7)[5]，(右図)今泉俊文ほか(2018)[6]

対応している。また，活断層上に病院や学校等の公共施設を建設することを条例で規制している自治体もある。
　一方で，断層削剥地形の存在は，その断層の活動の有無にかかわらず，構造物の建設における支障となることが多い。例えば，ダム建設においては堤体基礎岩盤の強度や遮水性を左右する要因として，トンネル掘削においては湧水対策や支保工の選定により，工事の難易やコストに大きく影響するため，計画段階からしっかり把握する必要がある。

4. 活断層を探す

4.1. 活断層の定義

　活断層は「最近の地質時代において繰り返し活動し，将来も活動する」ものと定義される。つまり，古い地形面ほど繰り返し断層変位を受けていることから，変位が累積し，大きな変位量を示す。河岸段丘や海岸段丘のようにある時期に形成された地形面を見つけ出し，それらの地形面の年代と断層による累積変位量との関係とをパズルを解くように紐解くことで，断層の活動性を論じることも可能となる。

4.2. 断層変位地形を読み解くには

　断層変位地形は，部分的な形態的特徴だけを見れば，侵食堆積といった他の地形形成営力によっても類似した地形が形成されるようにも思える。また，断層変位地形は，もともとあった地形が断層運動によって移動することで形成されるため，変位方向や変位量により様々な形態として現れる。したがって，断層変位地形を読み解くには，変位・変形が生じる前の地形をイメージしながら地形発達過程を見抜かなければならない。そのためには，本連載でこれまでに扱ってきたあらゆる地形およびその地域の地形発達過程を理解しておくことが不可欠となる。ある地形に対して，断層による変形が加わらないと通常の地形発達過程では説明できない"地形的なおかしさ"に気づくことが活断層を見つける第一歩となる。例えば，
・地形面がある部分を境に不連続に途切れる
・地形の縦断勾配が急変する
・河川の流下方向に対して下流側の地形が上流側に対して高まっている
・ある程度の幅を持つ河谷の上流部が突然途切れる
・河谷の流下方向がある箇所を境に急激に変わる　etc.
　これらが，通常の侵食堆積プロセスで形成され得るか，断層変位を想定する必然性があるかは，その場所における地形発達の観点から検証する必要がある。単にリニアメントを抽出するだけでは，活断層を判読することにはならない。
　断層変位地形は，自然の侵食作用や人工改変によって消失する場合や，新しい堆積物で覆い隠されて活断層が地形として見えない場合もある。また，複数の断層によって構成される断層帯をなして複雑な地形形状を示す場合や，非常に緩やかで幅広い変形帯をなすことも多く，活断層の判読は一筋縄ではいかない。次号では，具体的な事例を中心に断層変位地形判読の実際を見ていきたいと思う。

参考資料

1) 産業技術総合研究所地質調査総合センター「2016年熊本地震に伴って出現した地表地震断層」(2016年5月13日作成), https://www.gsj.jp/hazards/earthquake/kumamoto2016/kumamoto20160513-1.html.
2) 鈴木隆介(2004)：「建設技術者のための地形図読図入門 第4巻火山・変動地形と応用読図」, 古今書院.
3) 活断層研究会編(1991)：「新編 日本の活断層 分布と資料」, 東京大学出版会.
4) 塩﨑功, 松浦一樹, 平松晋一(2018)：指針・基準類に見る活断層対策, 応用地質, Vol. 59, no. 2, pp 94〜100.
5) 国土地理院「地図・空中写真閲覧サービス」https://mapps.gsi.go.jp/maplibSearch.do#1
6) 今泉俊文, 宮内崇裕, 堤浩之, 中田高編(2018)：「活断層詳細デジタルマップ[新編]」, 東京大学出版会.

断層地形を読み解く（2）

株式会社 パスコ　小俣 雅志　　復建調査設計株式会社　高田 圭太

1. 断層変位地形判読の実際

　断層変位地形を読み解くためには，活断層が繰り返し活動すること，通常の地形発達過程では説明ができない地形が分布していることに着目して判読を進める必要がある。今回は明瞭な変位基準面を変位させる断層変位地形と，明瞭な基準面を変異させるものではないものの系統的な断層変位が認められる地形を見てみよう。

2. 変位基準面が明らかな断層変位地形

2.1. 段丘地形

　岐阜県中津川市付知町付近の地形を，空中写真[1]（図-1），および地理院地図による段彩図と傾斜量図とを組み合わせた地形表現図[2]（図-2）で見てみる。図の中央を北から南へ流下する川は付知川で，川の左右岸には数段の段丘が形成されている。段丘は河川により形成された低地が，侵食基準面の変化によって下刻が進み，離水することで形成される。高度の異なる段丘面の境界をなす段丘崖は河川の流下方向と一致し，段丘面の傾斜も狭い範囲では河川勾配とおおよそ調和的となる。

図-1　岐阜県中津川市付知町　空中写真[1]
出典：1987年国土地理院撮影（CB872Y-C1-7）[1]

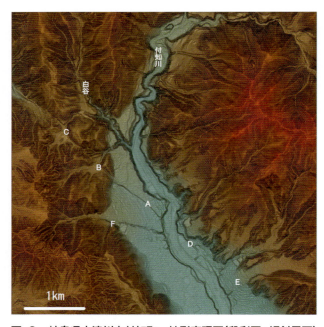

図-2　岐阜県中津川市付知町　地形表現図（段彩図+傾斜量図）
出典：地理院地図[2]に加筆

2.2. 段丘面を切る断層変位地形

付知付近に分布する阿寺断層の断層変位地形について，図-2を使って確認してみよう。付知川の右岸側では広い段丘面が分布している。この段丘面上Aの位置に，北西－南東方向の上流側が高く下流側が低い段差を生じている。この段差を付知川が形成することはできるだろうか。

段差の西側は山地斜面に接しており，付知川の侵食によってこの段差を形成することは困難である。それでは，支流により形成されたのだろうか。段差の北西側には小さな沢があるものの，この沢は付知川の段丘面を開析して段丘崖を形成し，その下流側の広い段丘面を形成するほどの営力を持ってはいない。よって，Aの段差は通常の地形発達過程では説明できず，断層変位によって生じたと考えざるを得ない。このように，その地形が通常の地形発達過程で説明できるかを検討し，説明できない"地形的なおかしさ"を読み解くことが断層変位を見つけ出す第一歩となる。

この断層崖の北西延長を見てみると，尾根の屈曲，沢の屈曲，直線谷，鞍部が確認できる。これらの地形は断層変位によって形成されている。尾根および沢の屈曲から左横ずれが読み取れる。BおよびCでは南西側が幅広の沢となっている。これは断層の北東側上がりの左横ずれの動きにより，沢の下流部が相対的に上昇することで堆積物が上流側を埋積したために形成されたと推定できる。

付知川の左岸側では，段丘面上で確認された断層崖の南東延長には，北西－南東方向で南西側が低い低崖Dが連続している。右岸の断層崖の連続にあることからこの低崖Dも断層崖である可能性が考えられるものの，河川流下方向と同じ方向にあるため，この部分だけを見て断層崖と認定することは困難である。この低崖Dの南東側延長には沖積錐Eが分布しており，この沖積錐内では崖地形は認められない。

ちなみに，右岸の断層崖下流側の段丘面は付知川流下方向に傾斜一定で高度が低下していない。これはFにある沢からの扇状地が段丘面上に載っているためである。Fから流下する沢はこの段丘面を開析しており，地形表現図上では崖地形のように見えるが，段丘面の高度は沢の左右岸で連続的である。これらの地形は通常の地形形成過程で説明可能である。

2.3. 既往活断層図での表現

既往の活断層図ではどのように表現されているかを見てみよう。「活断層詳細デジタルマップ［新編］」[3]では，付知川の右岸側の断層崖を赤色線の活断層，左岸側を紫色線の推定活断層として示している（図-3）。

2.2項で説明をした断層線のほかに，付知川と白谷の合流部に向かって系統的な沢の左横ずれが見られ，活断

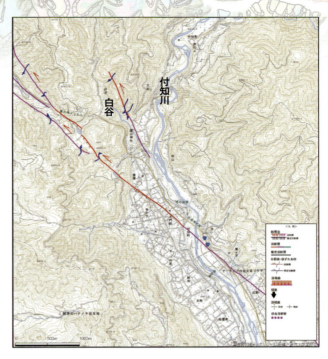

図-3 岐阜県中津川市付知町付近の活断層図
出典：今泉俊文ほか(2018)[3]に地名を加筆

層線が引かれている。山地部の横ずれ変位については次章で詳細を述べる。

3. 変位基準面が明らかではない山地の断層変位地形

3.1. 河系異常

段丘面のような明瞭な地形面を切断する断層変位地形は山地の中で稀である。変位基準となる地形面が分布しない山地内で，どのようにして変位地形を認定すればよいだろうか。山地内の典型的な横ずれ変位地形を見ながら，山地内の断層変位地形を考えてみよう。ここでも，通常の地形発達過程では説明できない地形から断層変位地形を探すことになる。

山地を流れる河谷は直線状あるいは緩やかに湾曲および蛇行している。これが何らかの外因的要因で直角あるいは鋭角に急転向していることがある。これを河系異常のうち転向異常と言う。河谷が急転向する場合，それも1つの河谷だけではなくいくつもの河谷が同じ方向に転向している場合には横ずれ断層という外因的要因によって引き起こされた転向異常であり，系統的な河谷の横ずれであると判断することができる。

3.2. 横ずれ断層変位地形

図-4は和歌山県橋本市高野口町竹尾付近の地理院地図を使用して，段彩図と傾斜量図を組み合わせた地形表現図である。北西側に分布する山地はやや標高が高く，山地を刻む沢は直線的なものが多い。南東側に分布する

図−4　和歌山県橋本市高野口町竹尾地区の地形表現図（段彩図＋傾斜量図）
出典：地理院地図[2]に加筆

山地は標高がやや低く，沢形状が樹枝状で谷密度が高くなっている。この地形の違いは分布する岩相の違いを表している可能性がある。図面全体を見渡してみると，この岩相境界付近にある図上のA－Bを結ぶラインに沿って地形的な変化を生じていることに気が付く。地形的な変化だけではなく，この付近を流下する沢の形状に着目してみると，山地を北から南，あるいは北北西から南南東へ流下する沢はA・Bを結ぶライン上で北東－南西方向に転向し，その後再び北－南，あるいは北西－南東方向に転向するのが見て取れる。それも一つの沢だけではなく，いくつもの沢が同じように右横ずれを起こしている。

図−5に読図の例を示す。横ずれが見られる沢を青矢印で示している。A－Bを結ぶライン上には，この沢の右横ずれだけではなく，尾根の右屈曲，鞍部，直線谷，遷緩線

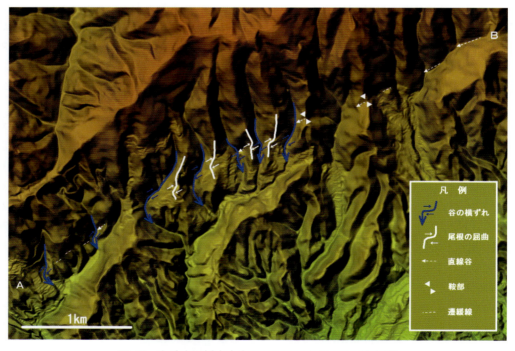

図−5　和歌山県橋本市高野口町竹尾地区の地形判読例
出典：地理院地図[2]に加筆

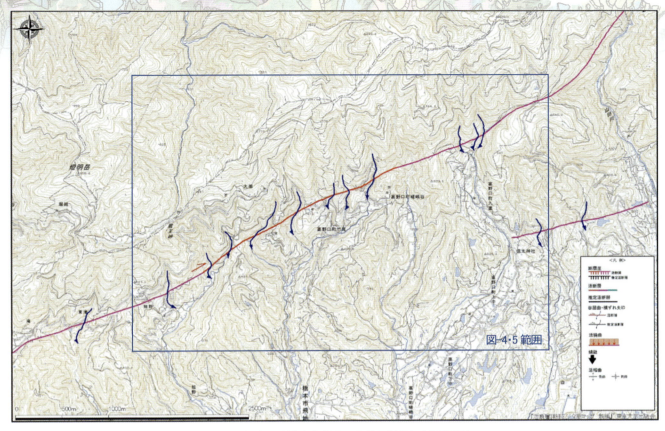

図-6 和歌山県橋本市高野口町竹尾地区の活断層図
出典：今泉俊文ほか(2018)[3]に範囲を加筆

が分布している。これらの地形のうち，特に沢の右横ずれと尾根の右屈曲を同時に形成するには，断層変位による横ずれで説明することが最も合理的であり，断層変位地形であると判断することができる。山地の断層変位地形は，単純に鞍部や直線谷を直線的につなぐのではなく，地形発達過程を考慮した上で，読み解く必要がある。

3.3. 既往活断層図での表現

既往の活断層図ではどのように表現されているかを見てみよう。「活断層詳細デジタルマップ[新編]」[3]（図-6）では，沢の右横ずれを複数箇所で読んでおり，横ずれが明瞭で連続する高野口町竹尾付近では赤線の活断層線を，そのほかの箇所では紫色の推定活断層線として表現している。

4. まとめ

今回は変位基準面が明らかな断層変位地形と変位基準面が明らかではない山地の断層変位地形の例を見た。変位基準面が明らかな断層変位地形は，その変位基準面の年代を確定することで，活断層の活動性も明らかにすることができる。一方，変位基準面が明らかではない断層変位地形の形成された年代や活動性を，地形判読だけで議論することは困難で，最終的には現地調査を実施する必要がある。

活断層によって形成された可能性が高い地形を絞り込むことができるのは，地形判読だけである。地質調査の初期段階で地形判読を十分に活用していただきたい。

参考資料

1) 国土地理院「地図・空中写真閲覧サービス」
https://mapps.gsi.go.jp/maplibSearch.do#1
2) 国土地理院「地理院地図」
https://maps.gsi.go.jp/#5/36.104611/140.084556/&base=std&ls=std&disp=1&vs=c1j0h0k0l0u0t0z0r0s0f1
3) 今泉俊文・宮内崇裕・堤浩之・中田高(2018)活断層詳細デジタルマップ[新編]，東京大学出版会，USB+141p

断層地形を読み解く(3)

復建調査設計株式会社 高田 圭太　株式会社 パスコ 小俣 雅志

1. 断層沿いに見られる凹凸

　前回は，断層のずれによりもと地形がくいちがうことで形成される地形を見てきた。このような地形は断層変位の向きやその量を直接的に示すものといえる。一方で，活断層の周りではその活動に関連して形成される特徴的な凹凸地形が見られることがある。これらの地形は，断層の地下構造や平面的な分布を反映しており，活断層の認定や活動の特徴を推定する手がかりとなる。ここでは，逆断層と横ずれ断層および正断層のそれぞれについて，断層沿いに形成される凹凸地形を見ていこう。

2. 逆断層により形成される凹凸

2.1. 断層活動により生じる大地のしわ

　北海道の富良野盆地東西両縁には，南北走向の活断層が分布する。このうち盆地西縁に位置する富良野市付近の実体視空中写真を図-1に示す。芦別山地と盆地の境界部(図-1のA付近)には東傾斜の扇状地が発達し，山地から流下する河川により開析されて段丘化していることが分かる。この扇状地の扇端付近には山麓線と平行に

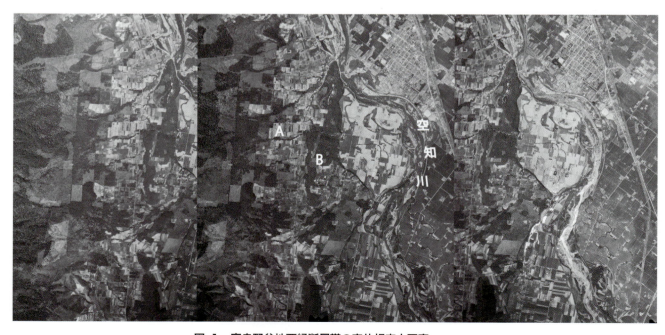

図-1　富良野盆地西縁断層帯の実体視空中写真
出典：1960年国土地理院撮影(HO605YZ-C1-474,475,476)[1]

いまさら聞けない **地形判読** ㉓

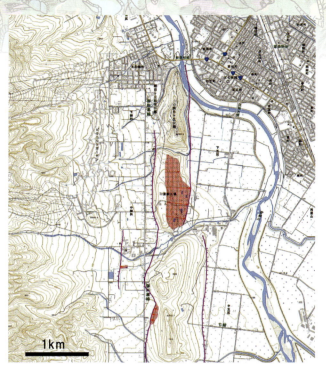

図-2　富良野盆地西縁断層帯の活断層図
出典：今泉俊文ほか（2018）[2]に縮尺を加筆

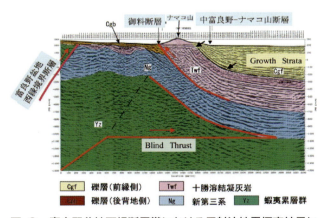

図-3　富良野盆地西縁断層帯における反射法地震探査結果による地質断面
出典：田近淳ほか（2007）[3]

ことができる。

2.2. ナマコ山を形成した活断層

　ナマコ山を形成した富良野盆地西縁の活断層について，既往の活断層図を使って確認してみよう（図-2）。活断層図では，ナマコ山の東縁に東側低下の，西縁に西側低下の推定活断層（紫色線）が示されている。また，図-1でBと記した付近では東側に傾く撓曲が示されている。ナマコ山付近の活断層が推定活断層で示されているということは，断層線上の地形だけでは活断層であることを明確に特定できないことを意味する。すなわち，ナマコ山が断層活動により形成された断層変位地形であることを地質学的な調査等により明らかにすることで，はじめてその位置に活断層の分布を認定できるのである。

　図-3に示した地下構造は，富良野盆地西縁断層帯の本質的な断層が地下の低角逆断層（図中のBlind Thrust）であることを示している。ナマコ山東西両縁の活断層は，この低角逆断層の活動で生じた褶曲（背斜）構造の変形が地表に現れたものと解釈される。

3. 横ずれ断層により形成される凹凸

3.1. 断層の屈曲や不連続に伴う地形

　地殻が均質で応力場が一定ならば，そこに形成される横ずれ断層は直線的になるはずである。しかし，実際の地殻は不均質なため，地表に現れる断層線は屈曲したり，連続していた断層の変位が不明瞭となり少し位置を変えて新たに始まる不連続（ステップオーバー）を伴う。そして，このような横ずれ断層の分布と関連して，特徴的な凹凸が形成される。右横ずれ断層の屈曲と不連続を模式的に示した図-4を例に見てみよう。右横ずれ断層が反時計回りに向きを変えて屈曲または左側にステップオーバーすると，その地点は断層運動が進行していく過程で短縮（圧縮）される。このような場所では，圧縮された部

延びる一連の丘陵が認められ（図-1のB付近），扁平な形状からナマコ山と呼ばれている。ナマコ山の頂部には平坦面が見られ，盆地床からの比高により数段の地形面に分けられる。しかし，盆地側を流れる空知川の側方侵食だけでは，凸状に高まるナマコ山の形成を説明することはできない。また，図-1のB付近で丘陵を構成する堆積物は砂礫からなり，もとは山麓の扇状地起源と考えられる。これらを踏まえて考えると，ナマコ山は盆地西縁部における断層活動の繰り返しによって扇状地の端部が圧縮されて盛り上がった，いわば"大地のしわ"という

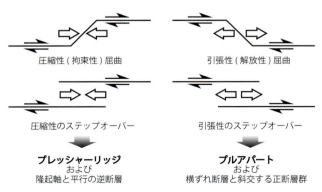

図-4　右横ずれ断層の屈曲・不連続の模式図

89

分が盛り上がることで，背斜状の隆起であるプレッシャーリッジやその隆起軸と平行な逆断層が形成される。これとは逆に，右横ずれ断層が時計回りに向きを変えて屈曲または右側にステップオーバーすると引張の応力場となり，その地点は徐々に開くため，副次的な正断層を伴いながら地溝状に陥没する。このような現象をプルアパートと呼ぶ。

横ずれ断層に伴う凹凸は，地表地震断層の雁行配列のようにごく小規模なものから，広範囲に及ぶ地質構造をなすものまで，多様なスケールで形成される。例えば，糸魚川ー静岡構造線断層帯に沿う諏訪盆地は，現在も形成中の大規模なプルアパート堆積盆と考えられている。

3.2. 右横ずれ断層によるプルアパートの例

愛媛県四国中央市寒川付近の地形と活断層の分布をあわせて見てみよう(図ー5)。山地の北麓は三角末端面をなす急崖で低地と接しており(例えば図中のA)，その低地側に発達する複合扇状地は山地から流下する河川によって開析され段丘化している(例えば図中のB)。西側から延びる寒川断層(図中のa-a')は，高さが異なる新旧の複合扇状地面の分布を断つように北側低下の低断層崖をなし(図中のC)，断層近傍では段丘面の撓曲が認められる。図中のDでは，寒川断層を挟んで北側が高く，扇状地面の上流側が相対的に低い凹地をなす(図中のE)。東側から延びる池田断層(図中のb-b')は，北側低下の低断層崖を伴いながら扇状地を横切り，いくつかの小河川には右屈曲が認められる。2つの断層は図の中央付近で右にステップオーバーして分布することから，断層に挟まれた凹地(図中のE)は小規模なプルアパートと考えることができる。

中央構造線活断層帯のように長大な活断層が，1回の地震でその全長にわたって活動することは稀で，いくつかの区間に分かれて活動すると考えられている。断層のステップオーバーはその境界になる可能性があるため，活動区間やその連動を推定し，発生する地震の規模を考える際の手がかりとなる。

4. 正断層により形成される凹凸

4.1. 別府ー島原地溝帯

九州の中部，別府湾から阿蘇，雲仙・島原を結んで橘湾に至る別府ー島原地溝帯は，国内で最も活動的な火山地帯のひとつである。この地域は，基盤岩が深く陥没し，火山岩が厚く堆積しているため，負のブーゲ重力異常を示すことが知られている。また，過去100年間の測地資料から，地溝帯は南北方向に1−2cm/年の速度で開いてきたこと，また地溝の軸では2−3mm/年の速度で沈降してきたことが分かっている。このことは，別府−島原地溝帯では日本列島には珍しく伸張のテクトニクスが卓越することを示しており，そのため正断層群の発達がこの地域の特徴となっている。

4.2. 雲仙火山の山体を横切る正断層群

雲仙火山は東西20km，南北25kmに及ぶ火山体からなる。しかし，新しい活動で形成された普賢岳をはじめとする溶岩円頂丘はその中央部に集まって分布し，南北には溶岩流や火砕流堆積物からなる山麓斜面が広がる。この山麓斜面は侵食が進み，谷が樹脂状に発達すること

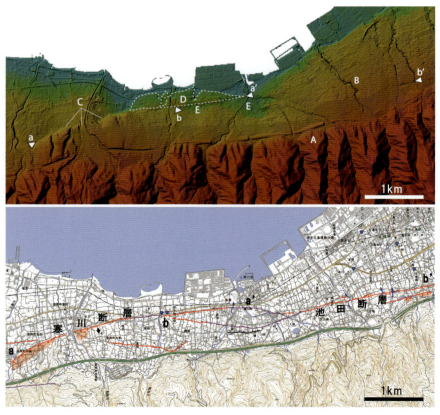

図−5　愛媛県四国中央市寒川付近の中央構造線断層帯の地形と活断層図
出典：(上図)地理院地図[4]による地形表現図，(下図)今泉俊文ほか(2018)[2]に縮尺および地名，記号を加筆

から，古い活動で形成された地形面であることが分かる。

これら新旧の火山地形の境をなす山体の中腹付近に着目すると，斜面を横切って東西方向に延びる崖が多数認められる。その向きは山体の北側では南落ち（図-6のa-a'～h-h'），南側では北落ち（図-6のi-i'～n-n'）であり，斜面の傾斜とは逆向きの地形的不連続をなしている。これらの崖の向きは河谷の流下方向と直交するものが多く，通常の侵食作用では形成され得ない。つまり，山体を横切る東西方向の崖の成因は通常の火山斜面の発達過程では説明できず，雲仙地溝を形成する正断層群の断層崖と推定することができる。図-7の地質断面で示されるように，雲仙火山は正断層が形成する地溝に新しい火山が噴出することで成長し，その中心部では古い山体が地下に埋没して厚く分布する地質構造をなしている。

5．おわりに

活断層によって形成される地形は様々な現れ方をするため，断層変位地形を丁寧に検出することが重要となる。しかし，断層変位地形が示す地形異常は，その地域の広域的な地形の特色や発達過程を俯瞰的に把握してはじめて発見できるものである。これは断層地形に限ったことではなく，地形判読のスキルアップには，①基礎知識の充実，②広域的な読図または写真判読，③傍証の探索・発見を意識しながら，様々な経験を積むことが必要である。

参考資料

1) 国土地理院「地図・空中写真閲覧サービス」
https://mapps.gsi.go.jp/maplibSearch.do#1
2) 今泉俊文，宮内崇裕，堤浩之，中田高編(2018)：「活断層詳細デジタルマップ[新編]」，東京大学出版会．
3) 田近淳，小坂橋重一，大津直，廣瀬亘，川井武志(2007)：北海道

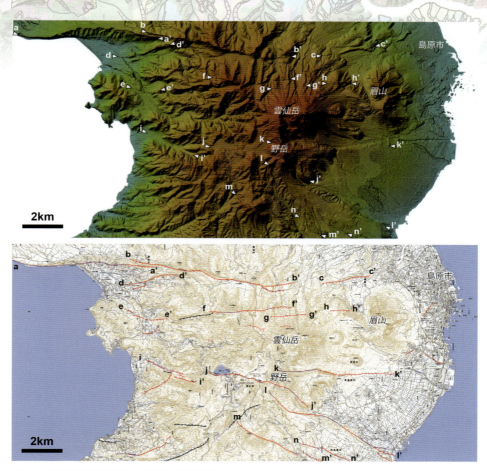

図-6 雲仙地溝断層帯の地形と活断層図
出典：（上図）地理院地図[4)]による地形表現図，（下図）今泉俊文ほか(2018)[2)]に縮尺および地名，記号を加筆

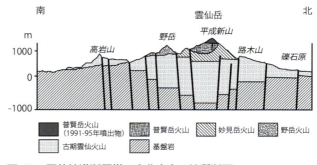

図-7 雲仙地溝断層帯の南北方向の地質断面
出典：星住英夫ほか(2000)[5)]をもとに作成

中央部の活断層と大規模地すべり地形．地質学雑誌，113，補遺，51-63．
4) 国土地理院「地理院地図」
http://maps.gsi.go.jp/#5/36.104611/140.084556/&base=std&ls=std&disp=1&vs=c1j0h0k0l0u0t0z0r0s0f1
5) 星住英夫，宇都浩三(2000)：雲仙火山の形成史．月刊地球，22，237-245．

何度でも地形判読

国際航業株式会社　西村 智博

1. これまでに扱ってきた地形と場所

2017年1月号以来,「いまさら聞けない地形判読」と題して,様々な地形を読み解くためのコツを24回にわたって連載してきた。これらのテーマと事例として取り扱った場所をまとめると,表-1,図-1のように全国各地にわたることがわかる。

この連載で扱ってきたのは,①河川沿いや海岸部など,主に水や風の動き,地盤の隆起沈降によって形成された地形,②土石流や地すべり,斜面崩壊など,土砂等の重力的な移動によって形成された地形,③火山や断層など地球レベルの営みによって形成された地形,に大別できる。

日本では,これらの地形場で人々が活動していることが多く,それが災害大国となっている大きな要因といえる。今回の連載では,いわば災害の積み重ねによって形成されてきた地形のうち,特に測量や建設技術者が日常よく出くわすものを中心に取り扱った。

2. 本連載では扱えなかった地形

一方,鈴木隆介先生による『建設技術者のための地形図読図入門』(全4巻)[1)]では,本連載で取り扱った地形種以外にも,段丘や丘陵,河谷地形,差別削剥地形,寒冷地形など様々な営力による地形が紹介されている。

これらの地形は,日常生活の場では見ることが難しいものもあるが,この連載にセカンドシーズンがあればい

表-1　「いまさら聞けない地形判読」で取り扱ってきた地形と場所

回数	掲載号	テーマ	関連する場所の都道府県名,（　）内は主な2.5万分1地形図の図幅名
1-2	2017年1-2月	イントロ,利用ツール	埼玉県(越谷),熊本県(立野)
3-5	2017年3-5月	河川	茨城県(石下,上郷),千葉県(佐原西部),北海道(西達布,幾寅),埼玉県(野田市)
6-8	2017年6-8月	土石流	広島県(祇園,中深川),兵庫県(西宮),和歌山県(田)
9-11	2017年9-11月	地すべり	新潟県(越後下関),高知県(柳井川),佐賀県(小城),長崎県(彼杵),富山県(剱岳),東京都(三宅島),群馬県(上野草津),徳島県(阿波池田)
12-14	2017年12月-2018年2月	海岸	宮城県(石巻,渡波),熊本県(松合),千葉県(千倉,上総一宮,東浪見,白浜,鹿児島県(大隅柏原),静岡県(袋井,向岡,磐田,掛塚),北海道(軽舞,鵡川)
15-17	2018年3-5月	斜面崩壊	宮崎県(清水岳),奈良県(上垣内),静岡県(上河内岳),長野県(御嶽山,穂高岳),宮城県(軍沢,切留)
18-20	2018年6-8月	火山	北海道(倶知安,羊蹄山,恵庭岳,風不死岳,樽前山),秋田県・山形県(象潟,川辺,矢島,小砂川,鳥海山,中直根,吹浦,湯ノ台,丁岳),山口県(櫃島,宇田,通,越ケ浜,長門広瀬,萩,生雲中),山形県(肘折),長野県(妙高山,赤倉,高妻山,信濃柏原,戸隠,若槻)
21-23	2018年9-11月	断層	熊本県(御船,健軍,大矢野原,立野,阿蘇山),愛媛県(伊予土居,伊予三島),岐阜県(加子母),和歌山県(岩湧山),北海道(布部岳),長崎県(愛野,島原,肥前小浜,雲仙)
24	2018年12月	まとめ	愛媛県(卯之町),北海道(清田)

いまさら聞けない 地形判読 ㉔

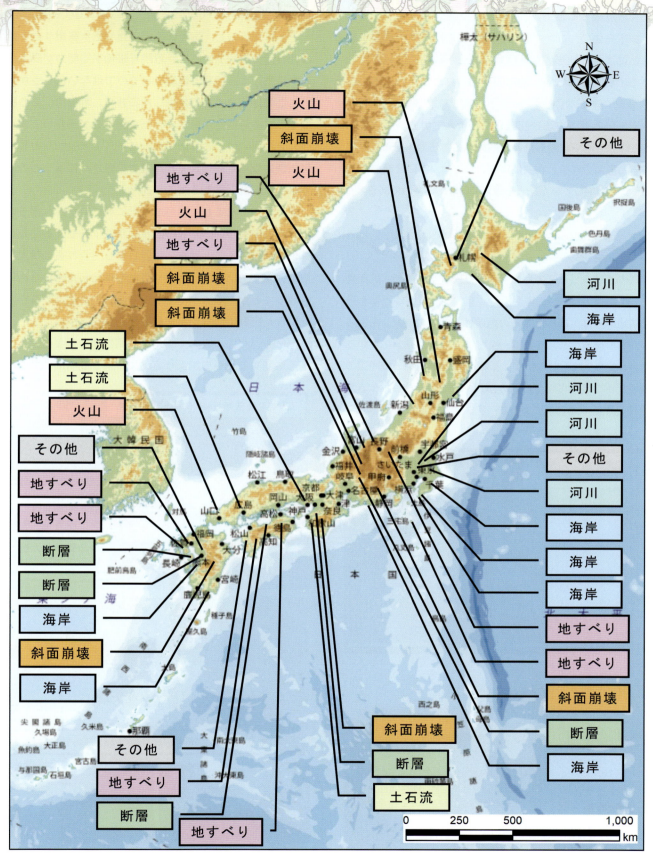

図-1 「いまさら聞けない地形判読」で取り扱ってきた地形と場所
出典：地理院地図[3]に加筆

ずれ取り扱ってみたい。

鈴木先生の「入門」では，1/25,000地形図を読図することによって地形種を見極める方法が数多く掲載されている。私たちは今回，地形図読図のみにこだわらず，空中写真や詳細なDEMデータを利用して，楽に，詳細に地形を読み解く方法を記載したと考えている。

この先，詳細な地形情報を取得する方法はまだまだ発展すると考えられる。判読技術者としては，常に最新の情報をうまく利用していく方法を考えていきたいものである。

3. これからの地形判読

この連載シリーズでも数多く取り扱ってきたが，近年発生した災害のうち，水害や土砂災害，地震災害は地形を丹念に紐解けば，ある程度その危険性を想定できた。もちろん，地形を調べさえすれば，すべての災害が完全にわかるというつもりは毛頭ないが，それぞれの土地やその周辺の環境が持つ地形の特徴を読み解き，地形が形成されてきた過程を理解することによって，次にそこで起こりうる地形現象(≒災害)について思い至ることができるのである。

そうした情報を，例えば降雨情報や気象警報などと組み合わせて理解できれば，危険を察知する能力が高まり，自然災害による被害は軽減できるのではないだろうか？

ここでは，ごく最近発生した災害で，地形的にある程度そうなる可能性が想定できた事例を2つ紹介しておく(図-2，図-3)。これまでのシリーズで多少なりとも地形判読について勉強してきた読者の皆さんには，どのようなことが読み取れるだろうか？

繰り返しになるが，地形を丹念に調べたからと言って，これらの災害がいつ，どのような条件で発生するかを正確に言い当てることは難しい。しかし，これらの状況を事前に知っていれば，豪雨や異常を察知した際に早めに避難するとか，なるべくそういった土地を避けて暮らすといった行動につながる可能性がある。

先にも述べたように，近年の計測技術の進歩によって，地形に関するデータがより容易に，より高精細に，より

図-2 愛媛県西予市宇和町明間で2018年7月に発生した崩壊の事例

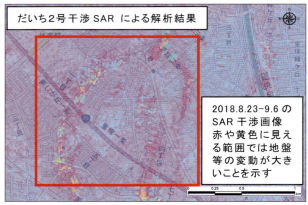

図-3 札幌市清田区里塚で2018年9月に発生した地震災害の事例
出典：国土地理院HP[4]図2の一部を拡大

高頻度に取得されるようになってきている。一方，地形を読み解く技術についてはどうか……計測技術の進歩に後れを取っているのが実情ではないだろうか？

これまで地形判読をリードしてきた先達には，残念ながら否応なしに高齢化の波が押し寄せている。あと数年，十数年もすれば，空中写真を裸眼で実体視し，等高線から地形やその裏に潜む自然の危険性を神業のように読み解く人は絶滅してしまう可能性が高い。

今回の執筆陣は，神様のような先達から手ほどきを受けながら，細々と地形判読を続けてきた面々であるが，このメンバーからもすでに細かい文字が見えにくくなってきたという声が出始めている。

この連載をきっかけに，若手や中堅の技術者が地形判読に興味を抱き，詳細なDEMや衛星から取得できる各種センサー情報などを駆使しながら，もちろん現地調査にも出向いて，地形を読み解いてくれるようになればありがたい。

4. 執筆陣に共通する想い

「いまさら聞けない地形判読」の連載企画では，応用地形判読士の資格を持つ10名が，それぞれの得意分野を中心に，一つのテーマに対して概ね3名でチームを編成し，3回を分担して書くというスタイルで編集を進めてきた。当初は執筆陣も不慣れだったため，締め切り期日ギリギリまで原稿案ができなかったり，1回目から3回目までの間に書き方がぶれてしまったりと，読者の皆様から見れば多少混乱されたこともあったと思う。中盤以降は執筆前にテーマごとの担当者が集まり，事前に記述内容や事例などを調整し，原稿作成中も意見を出しあって，よりわかりやすく，よりマニアックに推敲を重ねてきたつもりである。

これらのやりとりを通じて，執筆陣が皆さんに伝えたかった想いをまとめると，以下のようになるだろう。

①地形判読は室内作業・現地確認を愚直に繰り返して上達すべし
②普段の何気ない現場でも地形について意識すべし
③地形は「形」だけで判断するのではなく，成り立ちや周辺との位置関係も踏まえて検討すべし
④周辺と様子が違う地形には，必ず特殊な成り立ちがあると疑うべし
⑤何よりも地形を読み解くのは楽しい，すべての地形を愛おしむべし

私たちのこの連載が，皆さんの地形に対する興味をかきたてるものになれば幸いである。

5. むすびにかえて

地形判読の技術は，教科書を読んでいるだけではなかなか上達しない。事例を含む参考書も数多く出版されているが，机上のトレーニングだけでは想像力に限界が生じる。やはり，判読→現地確認→再度判読→再度現地確認……を繰り返して，自分が見ている地形がどのようにしてできたのか，どのような特徴があるのかをじっくり検討するような体験を繰り返すことが上達への近道と考えられる。

地形分類図などの基礎的な資料の蓄積が進む昨今，じっくりと腰を据えて地形判読を行う機会はかなり少なくなっているが，フィールドワークを含む作業を行う場合，まず地形図や空中写真，DEMを利用して自分なりに地形判読を行い，広域の概況を把握したうえで現地に入ることをオススメする。本連載で解説した読み解き方法で地形を観察するだけでも，現地の理解度がグッと上がることは間違いない。ぜひこのような習慣を身に着けていただきたい。

今回の連載は本稿でいったん終了となる。つたない連載であったと思うが，ここまで付き合っていただいた読者の皆様に感謝したい。

最後に，地形についてもっと知りたい，地形の成り立ちをどう解釈したらよいかわからない…など，相談事があればお近くの応用地形判読士に相談してもらいたい。

最新の応用地形判読士名簿は以下に掲載されている。
全国地質調査業協会連合会HP
https://www.zenchiren.or.jp/ouyouchikei/meibo.html
彼ら，彼女たちは地形判読のエキスパートであることから，きっと最適な答えに導いてくれるに違いない。

■92P背景デザインについて／月刊『測量』の連載記事「地形表現とその周辺」で掲載されたELSAMAP（2014年5月号），赤色立体地図（2014年4月号），ウェーブレット変換画像（2014年6月号），多重光源を用いた陰影段彩図（2014年12月号），光輝陰影法（2014年8月号），日本列島陰影段彩余色立体図（2014年11月号），5mDEMを用いた傾斜・凸部密度・尾根谷密度による斜面形の分類図（2016年9月号）の一部を使用させていただいております。

参考資料

1）鈴木隆介（1997〜2004）：「建設技術者のための地形図読図入門」，全4巻，古今書院
2）国土地理院：地図・空中写真閲覧サービス
https://mapps.gsi.go.jp/maplibSearch.do#1
3）国土地理院：地理院地図．
4）国土地理院：だいち2号干渉SARによる解析結果について
http://www.gsi.go.jp/BOUSAI/H30-hokkaidoiburi-east-earthquake-index.html#6

号別タイトルおよび執筆者

回	号	タイトル	執筆者
1	2017. 1	はじめに 地形判読の重要性 連載にあたって	布 施 孝 志（東京大学教授） 鈴 木 隆 介（中央大学名誉教授） 西 村 智 博（国際航業株式会社）
2	2017. 2	地形を読み解くのためのツール	小野山 裕 治（国際航業株式会社） 高 田 圭 太（復建調査設計株式会社）
3	2017. 3	低地の地形を読み解く	西 村 智 博（国際航業株式会社） 小 林 浩（朝日航洋株式会社） 神 谷 振一郎（株式会社応用地理研究所）
4	2017. 4		
5	2017. 5		
6	2017. 6	土石流がつくる地形を読み解く	小野山 裕 治（国際航業株式会社） 加 藤 弘 徳（株式会社荒谷建設コンサルタント） 関 場 清 隆（明治コンサルタント株式会社）
7	2017. 7		
8	2017. 8		
9	2017. 9	地すべりがつくる地形を読み解く	関 場 清 隆（明治コンサルタント株式会社） 小野山 裕 治（国際航業株式会社） 加 藤 弘 徳（株式会社荒谷建設コンサルタント）
10	2017.10		
11	2017.11		
12	2017.12	海岸の地形を読み解く	神 谷 振一郎（株式会社応用地理研究所） 西 村 智 博（国際航業株式会社） 小 林 浩（朝日航洋株式会社）
13	2018. 1		
14	2018. 2		
15	2018. 3	斜面崩壊がつくる地形を読み解く	関 場 清 隆（明治コンサルタント株式会社） 小野山 裕 治（国際航業株式会社） 加 藤 弘 徳（株式会社荒谷建設コンサルタント） 畚 野 匡（日本工営株式会社）
16	2018. 4		
17	2018. 5		
18	2018. 6	火山地形を読み解く	西 村 智 博（国際航業株式会社） 畚 野 匡（日本工営株式会社） 藤 田 浩 司（アジア航測株式会社）
19	2018. 7		
20	2018. 8		
21	2018. 9	断層地形を読み解く	高 田 圭 太（復建調査設計株式会社） 小 俣 雅 志（株式会社パスコ）
22	2018.10		
23	2018.11		
24	2018.12	何度でも地形判読	西 村 智 博（国際航業株式会社）

月刊『測量』別冊
いまさら聞けない 地形判読

2019年　4月19日　初版　©		
2024年　9月18日　第6刷		

定　価	1,650円（本体1,500円＋税10%）	
企画・編集	「いまさら聞けない地形判読」編集小委員会	
発　行	公益社団法人　日本測量協会	
	〒112-0002	
	東京都文京区小石川1-5-1	
	パークコート文京小石川 ザ タワー 5階	
	電話　03（5684）3354	
	https://www.jsurvey.jp	
印 刷 所	勝美印刷株式会社	

ISBN978-4-88941-115-7